bê-á-bá da Bíblia
Uma aventura através da Palavra de Deus

TERRY GLASPEY e KATHLEEN KERR

Traduzido por David Araújo

Copyright © 2014 por Terry Glaspey e Kathleen Kerr
Publicado originalmente por Harvest House Publishers, Eugene, Oregon, EUA.

Os textos bíblicos foram extraídos da *Nova Versão Transformadora* (NVT), da Tyndale House Foundation, salvo indicação específica.

Todos os direitos reservados e protegidos pela Lei 9.610, de 19/02/1998.

É expressamente proibida a reprodução total ou parcial deste livro, por quaisquer meios (eletrônicos, mecânicos, fotográficos, gravação e outros), sem prévia autorização, por escrito, da editora.

Edição
Daniel Faria

Revisão
Natália Custódio

Produção
Felipe Marques

Diagramação
Marina Timm

Colaboração
Ana Luiza Ferreira

Capa
Eber Helom

CIP-Brasil. *Catalogação na publicação*
Sindicato Nacional dos Editores de Livros, RJ

G232b

Glaspey, Terry
   O bê-a-bá da bíblia : uma aventura através da palavra de Deus / Terry Glaspey, Kathleen Kerr ; tradução David Araújo. - 1. ed. - São Paulo : Mundo Cristão, 2021.
   112 p.

   Tradução de: Bible basics for kids
   ISBN 978-65-5988-031-7

   1. Bíblia - Uso por crianças. 2. Crianças - Orações e devoções. 3. Histórias bíblicas. I. Kerr, Kathleen. II. Araújo, David. III. Título.

21-72987   CDD: 242.82
                                                     CDU: 27-23-053.2

Camila Donis Hartmann - Bibliotecária - CRB-7/6472

Publicado no Brasil com todos os direitos reservados por:

Editora Mundo Cristão
Rua Antônio Carlos Tacconi, 69
São Paulo, SP, Brasil
CEP 04810-020
Telefone: (11) 2127-4147
www.mundocristao.com.br

Categoria: Infantil
1ª edição: novembro de 2021

Para Caroline,
Enquanto você aprende a velha, velha história.

Sumário

Antes de começar 9
Sete maneiras pelas quais a Bíblia nos
   ajuda a conhecer e amar a Deus 11

Parte 1: Lendo a Bíblia por conta própria
Cinco grandes motivos para ler a Bíblia 14
Espere aí: minha Bíblia diz algo diferente! 16
Quatro dicas fantásticas para ajudar você
   a entender o que está lendo 18
Um plano de leitura de trechos da Bíblia 20
"Toc, toc" na Bíblia 25
Memorizando a Bíblia 27
Dicas incríveis para memorizar versículos bíblicos 29
Versículos fantásticos que você pode memorizar! 31
Charadas bíblicas megaespertas 37

Parte 2: Uma viagem pela Bíblia
Uma olhada rápida em toda a Bíblia 40
Um passeio pela Bíblia, livro por livro 45
Mais charadas bíblicas megaespertas 91

**Parte 3: Ajuda da Palavra de Deus
   para todas as situações**
Sussurros de Deus 94

Versículos para quando sentir medo 95
Versículos para quando se sentir só 97
Versículos para quando se sentir triste 99
Versículos para quando precisar de consolo 101
Versículos para quando se sentir
   tentado a fazer a coisa errada 103
Versículos para quando tiver feito algo errado 105
Versículos para enfrentar o cansaço e a preocupação 108
Deixe a Palavra de Deus mudar sua vida 110

Antes de começar

Você tem perguntas.

Ótimo. Perguntas são importantes. Perguntas como...

"Essas histórias da Bíblia são verdadeiras?"

"Jesus realmente levantou dos mortos?"

"Importa mesmo se isso aconteceu de verdade?"

"Será que eu acredito em Deus, ou só faço isso porque meus pais me dizem que devo acreditar?"

"Que diferença faz se sou cristão ou não?"

Essas questões não são daquele tipo que você joga no fundo do seu cérebro e deixa escondido lá no canto. São grandes demais. Importantes demais. E as respostas podem mudar sua vida.

Mas... aonde você vai para encontrar as respostas? Você vai à Bíblia. Só tem um problema...

Você não sabe por onde começar.

Então, você abre em qualquer página e começa a ler. "Não cozinhem o cabrito no leite da mãe dele." Bom... certo. Com certeza, você vai se lembrar disso na próxima vez que estiver cozinhando um cabrito. Talvez você queira tentar outra parte. Abre em uma página diferente, e desta vez lê: "O ômer será a unidade padrão para medir volume, e o efa e o bato medirão, cada um, um décimo de ômer".

Cuméquié?

Há umas coisas bem esquisitas na Bíblia. Muitas de suas histórias são estranhas e difíceis de entender. Afinal de contas, ela foi escrita há milhares de anos, em idiomas que quase ninguém fala mais. A Bíblia é uma coleção de mais de sessenta livros que às vezes parecem estar dizendo coisas totalmente diferentes. Pode ser muito confuso!

Mas, se olhar mais de perto, você vai ver que todas essas histórias em todos esses livros se juntam para formar uma única e grande história, que tem um personagem principal: Jesus. A Bíblia é a história de Deus buscando seus filhos, mostrando a eles vez após vez o quanto os ama e cuida deles. A Bíblia também é a história de como as pessoas tentam voltar para Deus... e como, algumas vezes, elas estragam tudo.

Ou seja, é uma história sobre *você*. Há uma parte nessa história reservada para você também. Deus está buscando você do mesmo jeito que buscou Abraão e Moisés e Ester e todos os outros personagens bíblicos de que você já ouviu falar.

Pense neste livro como um guia turístico pela Bíblia. Aqui, você vai começar a entender como todas as partes da Bíblia se encaixam. Vai perceber como pode estudar por conta própria. E também pode achar as respostas para as perguntas que você tem feito.

Pronto? É hora de mergulhar!

Sete maneiras pelas quais a Bíblia nos ajuda a conhecer e amar a Deus

Aqui você encontra o que alguns versículos nos dizem a respeito de Deus. Procure-os em sua Bíblia e escreva-os aqui para lembrar.

1. A Bíblia nos ajuda a enxergar as circunstâncias através dos olhos de Deus. **Romanos 8.28:**

   _____
   _____
   _____

2. A Bíblia nos mostra o caminho quando não sabemos ao certo para onde ir. **Salmos 119.105:**

   _____
   _____
   _____

3. A Bíblia nos ajuda a ter fé em Jesus. **Romanos 10.17:**

   _____
   _____
   _____

4. A Bíblia nos ajuda a enfrentar a tentação. **Salmos 119.11:**

_____

_____

_____

5. A Bíblia nos dá sabedoria para enfrentar as dificuldades da vida. **2Timóteo 3.16:**

_____

_____

_____

6. A Bíblia é como um espelho que nos mostra o verdadeiro estado de nosso coração. **Hebreus 4.12:**

_____

_____

_____

7. A Bíblia é como um alimento que nos ajuda a crescer em nossa fé. **1Pedro 2.2:**

_____

_____

_____

… Parte 1 …

Lendo a Bíblia por conta própria

Cinco grandes motivos para ler a Bíblia

Talvez a Bíblia seja uma novidade para você. Na sua cabeça, ela sempre foi um livro muito velho, grosso e com letras pequenininhas. Mas você ouviu algumas pessoas falarem sobre alguém chamado Jesus e quer saber mais a respeito dele. Só não sabe muito bem por onde começar. A Bíblia é o lugar certo?

Ou talvez você já ouvisse histórias da Bíblia antes mesmo de ter nascido. Você as ouviu na escola dominical e durante as reuniões de sua família. E também aprendeu músicas sobre essas histórias, não foi? Talvez tenha até memorizado alguns versículos. Você sabe a Bíblia de cabeça. Então, por que se preocupar em ler por conta própria?

Em primeiro lugar, porque *ela contém uma maravilhosa mensagem de Deus.* Nenhum outro livro pode ser chamado de a própria Palavra de Deus. É a história de Deus mostrando às pessoas de seu povo o quanto ele as ama, mesmo quando elas desobedecem. É uma mensagem que continua importante para nós hoje!

Segundo, porque *ela está cheia de sabedoria sobre como devemos viver.* Nas páginas da Bíblia você vai aprender como se aproximar de Deus e das outras pessoas. A Bíblia nos mostra a melhor forma de viver.

Terceiro, porque *ela nos ensina sobre Deus, sobre nós mesmos e sobre o mundo em que vivemos.* A Bíblia é um espelho no qual aprendemos a nos ver como Deus nos vê, e a entender que precisamos confiar nele.

Quarto, porque *você precisa conhecer Jesus por você mesmo*. Mesmo que seus pais tenham lhe ensinado tudo sobre Jesus, é você quem precisará acreditar nele e escolher segui-lo. Essa é uma decisão que ninguém pode tomar no seu lugar. Se você não tem certeza do que pensa sobre Jesus, mergulhe na Bíblia e descubra quem ele é.

Quinto, porque *a Bíblia é uma história incrível*. É verdade! A Bíblia é cheia de aventura, romance, guerra, milagres, perdão e histórias que vão deixar você de cabelo em pé. Você nunca fica entediado quando mergulha na palavra.

Aqui estão os motivos pelos quais eu quero ler minha Bíblia:

1. _____

   _____

2. _____

   _____

3. _____

   _____

Espere aí: minha Bíblia diz algo diferente!

Nos dias de Moisés, do rei Davi e de Jesus, nosso Deus deu aos escritores palavras inspiradas para registrar sua mensagem. Só há um problema: eles escreveram essa mensagem em hebraico e grego! A não ser que você vá para o seminário estudar esses idiomas, vai ter de ler a palavra de Deus em português mesmo.

Cada idioma funciona de um jeito um pouco diferente. Às vezes uma palavra em outro idioma pode ser traduzida de diversas maneiras em português. Por exemplo, a palavra hebraica *tov* pode significar "bom, amável, alto, bem-feito, belo, feliz, certo, justo ou agradável". Cada tradutor tem de escolher qual palavra usar, e isso pode fazer com que cada versão seja um pouco diferente das demais.

Se você procurar por Bíblias numa livraria, vai perceber que há muitas versões diferentes. Nenhuma delas é mais correta do que a outra. Elas só usam palavras diferentes para explicar a mesma ideia.

Dê uma olhada em como três versões diferentes da Bíblia traduzem uma passagem bem conhecida, 1Coríntios 13.4-8.

> O amor é sofredor, é benigno; o amor não é invejoso; o amor não trata com leviandade, não se ensoberbece, não se porta com indecência, não busca os seus interesses, não se irrita, não suspeita mal; não folga com a injustiça, mas folga com a verdade; tudo sofre, tudo crê,

tudo espera, tudo suporta. O amor nunca falha; mas, havendo profecias, serão aniquiladas; havendo línguas, cessarão; havendo ciência, desaparecerá. **(Almeida Revista e Corrigida)**

O amor é paciente, o amor é bondoso. Não inveja, não se vangloria, não se orgulha. Não maltrata, não procura seus interesses, não se ira facilmente, não guarda rancor. O amor não se alegra com a injustiça, mas se alegra com a verdade. Tudo sofre, tudo crê, tudo espera, tudo suporta. O amor nunca perece; mas as profecias desaparecerão, as línguas cessarão, o conhecimento passará. **(Nova Versão Internacional)**

O amor é paciente e bondoso. O amor não é ciumento, nem presunçoso. Não é orgulhoso, nem grosseiro. Não exige que as coisas sejam à sua maneira. Não é irritável, nem rancoroso. Não se alegra com a injustiça, mas sim com a verdade. O amor nunca desiste, nunca perde a fé, sempre tem esperança e sempre se mantém firme. Um dia, profecia, línguas e conhecimento desaparecerão e cessarão, mas o amor durará para sempre. **(Nova Versão Transformadora)**

Alguma versão é mais difícil que as outras? Ler outras versões ajuda você a entender? Marque a versão que, na sua opinião, é a mais fácil de entender.

Espere aí: minha Bíblia diz algo diferente!

Quatro dicas fantásticas para ajudar você a entender o que está lendo

1. **Dê atenção à história como um todo.** Cada versículo está cercado de outros versículos. Para entender de fato o que o autor do livro estava dizendo e o que Deus está tentando ensinar, é importante ler o capítulo, a passagem ou o livro por inteiro. Não é muito inteligente arrancar um único versículo de seu contexto e tentar aplicá-lo à sua vida. Por exemplo, leia 1Coríntios 13, capítulo que fala sobre *amor*. Se você ler sem olhar para o contexto, pode pensar que está descrevendo um amor romântico e sentimental. Mas, lendo o capítulo anterior, vai perceber que o amor é um dom espiritual que devemos compartilhar com toda a igreja. Esse capítulo nos fala sobre o tipo de amor que Deus quer que mostremos a todos os cristãos.

2. **Faça perguntas sobre o que está lendo e tenha certeza de que está percebendo tudo o que a passagem tem a dizer.** Toda vez que ler uma história, tente responder às seguintes perguntas: *Quem? Quando? Onde? Por quê? Como?* Tenha calma e responda cuidadosamente, e você vai se surpreender com o quanto pode aprender.

3. **Não tenha medo de pedir ajuda.** Não é à toa que você tem pais, professores e pastores. Converse com eles. Aprenda com eles. E comece a ler! Há muitos livros

excelentes sobre a Bíblia que podem dar informações que você nunca iria descobrir sozinho: o significado das palavras, o contexto histórico, hábitos culturais, e o modo como as passagens se encaixam na grande história de Deus vindo a este mundo para salvar seu povo. Não seja orgulhoso demais para pedir ajuda aos especialistas.

4. **Pergunte a si mesmo: O que a Bíblia significa em minha vida?** Você vai perder muita coisa se olhar para a Bíblia como um velho livro empoeirado que não tem nada a nos dizer nos dias de hoje. Durante a leitura, pergunte-se como aquela passagem pode se aplicar à sua vida e o que você precisa fazer a respeito daquilo. Como a Palavra de Deus muda seu jeito de pensar e de viver?

Um plano de leitura de trechos da Bíblia

Certo, certo. A Bíblia é *beeeem* grande. São milhares de páginas, e a letra é megapequena. Parece dar a impressão de que nunca vai acabar, de que vai levar bilhões e bilhões de anos para concluir. E por onde começar?

Talvez exista um jeito mais simples de saber o que está na Bíblia. Você pode começar lendo alguns trechos, algumas das passagens mais interessantes. Você vai se surpreender com o quanto pode aprender lendo apenas um pouco por dia. Uns poucos minutos com a Bíblia vão encher seu dia de deslumbramento, esperança e inspiração.

O plano de leitura a seguir vai ajudar a completar algumas das principais partes da Bíblia. Ao ler esses capítulos, você vai conhecer muitas das passagens e histórias mais famosas da Bíblia. Marque seu progresso a cada dia quando terminar sua leitura. Depois disso, você vai estar preparado para explorar a Bíblia inteira, capítulo por capítulo. Vai encontrar montanhas de tesouros esperando ser descobertos!

Destaques de Gênesis

- ❏ 1º dia – Gênesis 1
- ❏ 2º dia – Gênesis 2
- ❏ 3º dia – Gênesis 3

- ❏ 4º dia – Gênesis 6
- ❏ 5º dia – Gênesis 7
- ❏ 6º dia – Gênesis 8
- ❏ 7º dia – Gênesis 12
- ❏ 8º dia – Gênesis 32
- ❏ 9º dia – Gênesis 37

Algumas coisas legais que aprendi em Gênesis:

_____

_____

_____

Destaques de Josué

- ❏ 1º dia – Josué 1
- ❏ 2º dia – Josué 2
- ❏ 3º dia – Josué 3

Algumas coisas legais que aprendi em Josué:

_____

_____

_____

Destaques de Salmos e Provérbios

- ❏ 1º dia – Salmo 1
- ❏ 2º dia – Salmo 8
- ❏ 3º dia – Salmo 23
- ❏ 4º dia – Salmo 51
- ❏ 5º dia – Salmo 139
- ❏ 6º dia – Provérbios 3
- ❏ 7º dia – Provérbios 6

Algumas coisas legais que aprendi em Salmos e Provérbios:

_____

_____

_____

_____

Destaques de Mateus

- ❏ 1º dia – Mateus 4
- ❏ 2º dia – Mateus 5
- ❏ 3º dia – Mateus 6
- ❏ 4º dia – Mateus 7
- ❏ 5º dia – Mateus 24
- ❏ 6º dia – Mateus 28

Algumas coisas legais que aprendi em Mateus:

_____

_____

_____

Destaques de João

- ☐ 1º dia – João 1
- ☐ 2º dia – João 3
- ☐ 4º dia – João 14
- ☐ 5º dia – João 15
- ☐ 6º dia – João 17

Algumas coisas legais que aprendi em João:

_____

_____

_____

Destaques das cartas de Paulo:

- ☐ 1º dia – Romanos 3
- ☐ 2º dia – Romanos 6
- ☐ 3º dia – Romanos 8

- ☐ 4º dia – Romanos 12
- ☐ 5º dia – 1Coríntios 13
- ☐ 6º dia – Gálatas 5
- ☐ 7º dia – Efésios 1
- ☐ 8º dia – Efésios 5
- ☐ 9º dia – Efésios 6
- ☐ 10º dia – Filipenses 2
- ☐ 11º dia – Colossenses 2
- ☐ 12º dia – 1Tessalonicenses 4
- ☐ 13º dia – 2Timóteo 3

Algumas coisas legais que aprendi nas cartas de Paulo:

_____

_____

_____

"Toc, toc" na Bíblia

— Toc, toc.
— Quem bate?
— Noé.
— Que Noé?
— "Noé" quem você achou que era!

— Toc, Toc.
— Quem bate?
— Jó.
— Que Jó?
— "Que Jó"... de Minas!

— Toc, toc.
— Quem bate?
— Eva.
— Que Eva?
— Como assim, que Eva? E por acaso tem outra pessoa aqui, Adão?

— Toc, toc.
— Quem bate?
— Lia.
— Que Lia?
— Lia livros, revistas... hoje leio a Bíblia também!

— Toc, toc.
— Quem bate?
— Bom, eis que estou à porta e bato... você já devia saber!

Crie sua própria brincadeirinha "Toc, toc" na Bíblia e escreva aqui!

_____

_____

_____

_____

_____

Memorizando a Bíblia

Quando você vai à escola, seu professor quase sempre vai pedir que você decore certas coisas: datas em que algo histórico aconteceu, o nome dos estados ou das capitais, a tabuada. Memorizar algo quer dizer que você sabe algo tão bem que sempre consegue se lembrar daquilo. Não precisa olhar num livro ou perguntar para alguém. Você sabe. Quando perguntam quanto é seis vezes seis, você diz "trinta e seis!" sem parar pra pensar.

A Bíblia é a Palavra de Deus, e é importante saber o que Deus fala. Provavelmente você não vai carregar sua Bíblia para todos os lugares, para cima e para baixo, mas pode memorizar alguns versículos e carregá-los o tempo inteiro na sua mente e no seu coração.

Sabia que existe até um versículo sobre memorizar a Bíblia? Ele fala sobre como podemos levar as palavras de Deus por todos os lugares aonde vamos.

> Guarde sempre no coração as palavras que hoje eu lhe dou. Repita-as com frequência a seus filhos. Converse a respeito delas quando estiver em casa e quando estiver caminhando, quando se deitar e quando se levantar.
> (Deuteronômio 6.6-7)

Às vezes você vai ficar triste. Às vezes vai estar com raiva de um amigo e se sentir mal com isso. E às vezes alguém vai fazer alguma pergunta sobre Deus. Se você tiver memorizado alguns versículos bíblicos, vai se lembrar do que Deus pensa a respeito daquela situação ou do amor dele por você. Você tem pedacinhos de sabedoria bem aí na ponta dos dedos!

Dicas incríveis para memorizar versículos bíblicos

Aprender versículos bíblicos é fácil e divertido. Aí vão algumas dicas para memorizar alguns dos seus versículos prediletos da Palavra de Deus. Você pode tentar todos ou pelo menos parte destes truques para lembrar:

1. **Escreva.** Quando encontrar um versículo que quiser memorizar, tente escrevê-lo em um pedaço de papel ou um cartão, daqueles de fichário. Escrever ajuda a lembrar.

2. **Leia em voz alta,** várias vezes. Ler em voz alta também ajuda a lembrar. Repita, repita, repita. Depois de ter repetido em voz alta algumas vezes, o versículo começa a ficar gravado na memória.

3. **Faça um desenho** sobre o que o versículo significa para você quando o lê ou o ouve. Deus fez nosso cérebro de um jeito que figuras são mais fáceis de lembrar do que palavras em uma página. Às vezes, imaginar a imagem na sua cabeça vai ser a ajudinha que faltava para você se lembrar das palavras do versículo.

4. **Compartilhe com um amigo** ou com alguém de sua família. A melhor maneira de continuar se lembrando de algo é falar sobre aquilo. É como quando alguém conta uma piada. Se você continuar "espalhando", provavelmente nunca vai se esquecer. Se você não compartilhar a piada,

provavelmente ela vai "escorregar" do seu cérebro rapidinho. Pode ser até que você ache alguém de sua família ou um amigo que também queira memorizar alguns dos versos em que você está trabalhando.

5. ***Fale com um parente, pastor ou amigo mais velho*** sobre o que aquele versículo significa. Não é bom apenas decorar algumas palavras e não saber o que elas significam. Alguns versículos bíblicos têm grande profundidade, e você poderia pedir a uma pessoa mais velha que o ajude a entender melhor. E, quando você sabe que o sentido é aquele, será mais fácil lembrar-se dele e usá-lo em sua vida.

6. ***Use os versículos bíblicos em suas orações.*** Quando você falar com Deus, use as palavras da Bíblia para pedir o que precisa, para pedir desculpas por seus erros, e especialmente para agradecer a Deus por todas as coisas boas que ele deu a você.

Outras dicas que uso para memorizar versículos:

_____

_____

_____

O primeiro versículo que quero memorizar é:

_____

_____

_____

Versículos fantásticos que você pode memorizar!

A Bíblia está recheada com muitos versículos sensacionais! Estes aqui são bem bons de memorizar. Que tal gravá-los no coração?

> Tua palavra é lâmpada para meus pés
> e luz para meu caminho.
> *(Salmos 119.105)*

Dia em que memorizei: ___/___/___

> Confie no SENHOR de todo o coração;
> não dependa de seu próprio entendimento.
> *(Provérbios 3.5)*

Dia em que memorizei: ___/___/___

> Mas os que confiam no SENHOR renovam
> suas forças;
> voam alto, como águias.
> Correm e não se cansam,
> caminham e não desfalecem.
> *(Isaías 40.31)*

Dia em que memorizei: ___/___/___

"Pai nosso que estás no céu,
   santificado seja o teu nome.
Venha o teu reino.
Seja feita a tua vontade,
   assim na terra como no céu.
Dá-nos hoje o pão para este dia,
   e perdoa nossas dívidas,
      assim como perdoamos os nossos devedores.
E não nos deixes cair em tentação,
   mas livra-nos do mal."

(Mateus 6.9-13)

Dia em que memorizei: ___/___/___

"Peçam, e receberão. Procurem, e encontrarão.
Batam, e a porta lhes será aberta."

(Mateus 7.7)

Dia em que memorizei: ___/___/___

"Estou sempre com vocês, até o fim dos tempos."

(Mateus 28.20)

Dia em que memorizei: ___/___/___/

"Façam aos outros o que vocês desejam que eles lhes façam."

(Lucas 6.31)

Dia em que memorizei: ___/___/___

O bê-a-bá da Bíblia

"Porque Deus amou tanto o mundo que deu seu Filho único, para que todo o que nele crer não pereça, mas tenha a vida eterna."
(João 3.16)

Dia em que memorizei: ___/___/___

"Não deixem que seu coração fique aflito. Creiam em Deus; creiam também em mim. Na casa de meu Pai há muitas moradas. Se não fosse assim, eu lhes teria dito. Vou preparar lugar para vocês e, quando tudo estiver pronto, virei buscá-los, para que estejam sempre comigo, onde eu estiver. Vocês conhecem o caminho para onde vou."
(João 14.1-3)

Dia em que memorizei: ___/___/___

Jesus disse: "Eu sou o caminho, a verdade e a vida. Ninguém pode vir ao Pai senão por mim".
(João 14.6)

Dia em que memorizei: ___/___/___

"Eu lhes deixo um presente, a minha plena paz. E essa paz que eu lhes dou é um presente que o mundo não pode dar. Portanto, não se aflijam nem tenham medo."
(João 14.27)

Dia em que memorizei: ___/___/___

Versículos fantásticos que você pode memorizar!

Pois o salário do pecado é a morte, mas a
dádiva de Deus é a vida eterna em Cristo Jesus,
nosso Senhor.

(Romanos 6.23)

Dia em que memorizei: ___/___/___

E sabemos que Deus faz todas as coisas
cooperarem para o bem daqueles que o amam e
que são chamados de acordo com seu propósito.

(Romanos 8.28)

Dia em que memorizei: ___/___/___

E estou convencido de que nem morte nem vida,
nem anjos nem demônios, nem o que existe
hoje nem o que virá no futuro, nem poderes,
nem altura nem profundidade, nada, em toda a
criação, jamais poderá nos separar do amor de
Deus revelado em Cristo Jesus, nosso Senhor.

(Romanos 8.38-39)

Dia em que memorizei: ___/___/___

O amor é paciente e bondoso. O amor não é
ciumento, nem presunçoso. Não é orgulhoso,
nem grosseiro. Não exige que as coisas sejam à
sua maneira. Não é irritável, nem rancoroso. Não

se alegra com a injustiça, mas sim com a verdade. O amor nunca desiste, nunca perde a fé, sempre tem esperança e sempre se mantém firme.
(1Coríntios 13.4-7)

Dia em que memorizei: ___/___/___

Mas o Espírito produz este fruto: amor, alegria, paz, paciência, amabilidade, bondade, fidelidade, mansidão e domínio próprio. Não há lei contra essas coisas!
(Gálatas 5.22-23)

Dia em que memorizei: ___/___/___

Posso todas as coisas por meio de Cristo, que me dá forças.
(Filipenses 4.13)

Dia em que memorizei: ___/___/___

Não deixe que ninguém o menospreze porque você é jovem. Seja exemplo para todos os fiéis nas palavras, na conduta, no amor, na fé e na pureza.
(1Timóteo 4.12)

Dia em que memorizei: ___/___/___

Versículos fantásticos que você pode memorizar!

Não o deixarei; jamais o abandonarei.
(Hebreus 13.5)

Dia em que memorizei: ___/___/___

Amados, continuemos a amar uns aos outros, pois o amor vem de Deus. Quem ama é nascido de Deus e conhece a Deus. Quem não ama não conhece a Deus, porque Deus é amor.
(1João 4.7-8)

Dia em que memorizei: ___/___/___

Charadas bíblicas megaespertas

(Respostas na página seguinte... mas nada de trapacear!)

1. Por que Moisés foi o maior pecador de toda a Bíblia?
2. O que João Batista e o Ursinho Pooh têm em comum?
3. O livro de Ezequias fica no Novo ou no Antigo Testamento?
4. Por que Moisés foi enterrado em Moabe?
5. O que Sansão nunca comeu no café da manhã?
6. Onde a Bíblia começa?
7. Por que a pomba trouxe um ramo de oliveira para Noé?
8. Que tipo de homem era Boaz antes de ter se casado?
9. Quem já nasceu órfão de mãe?
10. Quantas patas havia na arca de Noé?

Respostas

1. Porque ele quebrou todos os Dez Mandamentos de uma vez só (Êxodo 32.19).

2. Ambos se alimentavam de mel.

3. Em nenhum. Não existe esse livro na Bíblia.

4. Porque tinha morrido...

5. O almoço e o jantar.

6. "No princípio..."

7. Porque a árvore inteira era muito pesada.

8. Solteiro.

9. Adão.

10. Muitas. Depende se cada bicho tinha duas ou quatro patas... e tinha a pata do pato, ainda.

Parte 2
UMA VIAGEM PELA BÍBLIA

Uma olhada rápida em toda a Bíblia

Os acontecimentos da Bíblia abrangem um período de milhares de anos, mas as histórias podem ser agrupadas em alguns poucos períodos para ajudar a entender como Deus buscou seu povo — e como o povo tentou buscá-lo (e frequentemente falhou nessa tentativa). Aqui vai um resumo.

No princípio...

(Gênesis 1—11)

A Bíblia começa nos contando como o mundo passou a existir e como os seres humanos se separaram de Deus. Essa parte da Bíblia conta a história da Criação, do primeiro assassinato, do surgimento de diferentes idiomas na torre de Babel e do dilúvio, que Deus usou para julgar as pessoas que haviam se voltado contra ele.

Histórias do primeiro povo

(Gênesis 15—20 e Jó)

Abraão foi escolhido por Deus para ser o pai de uma grande nação. Esse povo escolhido de Deus seria chamado para fazer sua vontade em toda a terra. Abraão teve um filho chamado

Isaque, Isaque teve um filho chamado Jacó, e Jacó teve *doze* filhos, cujos descendentes um dia formariam as doze tribos de Israel. Esses doze filhos e suas famílias foram para o Egito tentando escapar de uma fome mortal, mas depois de algum tempo acabaram sendo escravizados.

Hora de sair do Egito

(Êxodo—Josué)

Deus escolheu Moisés para conduzir seu povo escolhido para fora da escravidão do Egito e para entrar na Terra Prometida. Mas, tão logo os israelitas se colocaram a caminho, começaram a desobedecer às leis de Deus. Deus puniu sua desobediência fazendo com que passassem quarenta anos vagando no deserto. Quando sua caminhada finalmente chegou ao fim, eles conquistaram a Terra Prometida, sob a liderança de Josué.

Tempo tenebroso para Israel

(Juízes—Rute)

Deus providenciou juízes sábios para liderar o povo de Israel durante os dias sombrios em que os israelitas viviam se esquecendo de suas leis e adorando a outros deuses. Quando as coisas começavam a melhorar, o povo se voltava novamente para o pecado. Esse padrão se repetiu de novo e de novo, mas Deus continuou buscando seu povo e lembrando-os de obedecer à sua lei.

Vida longa ao rei!

(1Samuel—2Crônicas, e também Salmos, Eclesiastes, Cântico dos Cânticos, e alguns dos livros dos profetas)

A nação de Israel não deveria precisar de um rei. *Deus* era o seu rei. Os israelitas, porém, queriam ser como as outras nações, e ao final Deus lhes deu aquilo que queriam: um rei humano. Esse primeiro rei, Saul, foi um fracasso. Dois bons reis, Davi e Salomão, vieram depois. Mas, depois da morte de Salomão, Israel se dividiu em duas nações: Israel no norte e Judá no sul. Ambos os reinos sofreram com maus governantes e se afundaram no pecado e na desobediência.

Exilados!

(Esdras, Neemias e alguns dos livros dos profetas)

Uma vez que seu povo continuava a desobedecer, Deus os puniu tirando-os da Terra Prometida. O templo e a cidade de Jerusalém foram destruídos por causa dos pecados do povo. O povo de Deus não pôde voltar ao seu lar por setenta anos. Quando finalmente conseguiu voltar do exílio, seu primeiro trabalho foi reconstruir o templo.

Tempo de silêncio

Por quatrocentos anos, entre o fim do Antigo Testamento e o começo do Novo Testamento, Deus não falou a seu povo através dos profetas. Ao fim desse tempo, os judeus viviam sob o domínio romano.

Jesus vem a este mundo

(Mateus—João)

O próprio Deus veio ao mundo como um bebê — Jesus! — para cumprir a promessa que havia feito a Israel e para convidar todas as pessoas de todos os lugares a entrar em seu reino. Jesus contou histórias, curou doentes, fez milagres e foi crucificado para a salvação de todas as pessoas. Mas não era o fim! Jesus se levantou dos mortos e subiu para o céu, prometendo que algum dia ele voltará.

O que os primeiros cristãos fizeram

(Atos—Apocalipse)

Por meio do poder do Espírito Santo, Jesus ajudou seus discípulos a levar sua mensagem e estabelecer a igreja, que é seu Corpo neste mundo. Depois dos Evangelhos (Mateus, Marcos, Lucas e João), a maioria dos livros do Novo Testamento são cartas para as igrejas sobre problemas que elas estavam enfrentando, com instruções sobre como viver em Cristo. Essas cartas também incentivam as pessoas a olhar para o futuro, para o dia em que Jesus voltará.

Esse é o resumão. Agora, nas páginas a seguir, vamos dar uma olhada rápida no que está em cada livro da Bíblia e apontar algumas das histórias e passagens mais interessantes de cada um. Vamos mergulhar nessa aventura de explorar toda a Bíblia, livro a livro. Quando terminarmos, você vai ter uma boa ideia do que a Bíblia diz e de onde encontrar algumas de suas histórias mais famosas.

O Antigo Testamento

Consegue achar os nomes dos livros do Antigo Testamento? Os nomes podem estar na horizontal, vertical, diagonal, de cima para baixo, de baixo para cima, da esquerda para direita, da direita para esquerda... Ao encontrar um dos nomes, não se esqueça de marcá-lo.

```
J E R E M I A S X B   C Y A S D N A U M F
I U E G A A B D K A P M S Z S O O O K Ç S I B S
R I K Ç O M A E U Q U C A B A H M B F J O Q F E
S Z N O L N S U T B A R K Y G C L D S O G U G T
O E R D I O P T O O D O X E Q N A P H E N E X S
I S N E P S C E Q Y K N I N P P S R W L K I T A
B S L X M E Q R L E V I T I C O Y J I T Z A A I
R C A N T I C O D O S C A N T I C O S A I S C S
E S Y I C A A N T E S A N O J Z I S A K S O U E
V S V V A S Q O B A B S G E Z E Q U I E L R C L
O A T R G S A M U E L W Q U L L Q E D E D E N C
R U T E Q S A I M E E N Y S A I U Q A L A M L E
P K V I R M O O Ç T G E N E S I S W B D Q U D P
F Z E S D R A S G Z L A M E N T A Ç O E S N V U
```

GÊNESIS	NEEMIAS	OSEIAS
ÊXODO	ESTER	JOEL
LEVÍTICO	JÓ	AMÓS
NÚMEROS	SALMOS	OBADIAS
DEUTERONÔMIO	PROVÉRBIOS	JONAS
JOSUÉ	ECLESIASTES	MIQUEIAS
JUÍZES	CÂNTICO DOS CÂNTICOS	NAUM
RUTE	ISAÍAS	HABACUQUE
SAMUEL	JEREMIAS	SOFONIAS
REIS	LAMENTAÇÕES	AGEU
CRÔNICAS	EZEQUIEL	ZACARIAS
ESDRAS	DANIEL	MALAQUIAS

Um passeio pela Bíblia, livro por livro

O Antigo Testamento

Gênesis

Gênesis nos leva ao princípio do tempo. Quando nada existia, nem mesmo o espaço, Deus criou tudo o que vemos. Ele encheu o espaço de galáxias, encheu os oceanos de água e tubarões e tartarugas marinhas, encheu as florestas tropicais de árvores, musgo e sapos, e encheu o deserto de dunas de areia e camelos. Em um piscar de olhos, Deus fez o tempo, peixes-dourados, aranhas, borboletas e os pinheiros mais altos!

Esse é um livro que responde às questões verdadeiramente importantes que as pessoas fazem sobre o mundo: "De onde viemos? Por que estamos aqui? Por que existe tanta dor no mundo?". Mas Gênesis não nos dá essas respostas do jeito que poderíamos esperar, com fatos, figuras e explicações científicas *beeeem* longas. Em vez disso, ele responde a essas perguntas nos contando histórias.

E são histórias cheias de ação! Temos a criação de todo o universo, romance, inveja, batalhas, fome, tramas e, acima de tudo, Deus buscando seus filhos e filhas amados. Deus mostra o quanto se importa com eles e os ensina como viver. Mas eles nem sempre prestam atenção. Às vezes, ficam com raiva ou com inveja. Às vezes, não obedecem a ordens simples. Às vezes, bancam os valentões com pessoas mais fracas. Às vezes, brigam com seus próprios irmãos e irmãs.

Soa familiar? Deus está buscando você do mesmo jeito que buscou Adão e Eva, Noé e Abraão. Gênesis é só o começo da jornada.

Não perca!
Criação (Gênesis 1)
A queda (Gênesis 3)
Noé e o dilúvio (Gênesis 6—8)
A torre de Babel (Gênesis 11)
O chamado de Abraão (Gênesis 12)
Jacó luta com um anjo (Gênesis 32)
José salva o Egito da fome (Gênesis 41)

Êxodo

Êxodo começa quatrocentos anos depois da conclusão da história de Gênesis. Naquela época, os egípcios haviam se esquecido de como José os tinha salvado da fome. Eles escravizaram os israelitas. Então Deus escolheu um homem chamado Moisés para libertar seu povo da escravidão e levá-lo até a Terra Prometida.

Moisés pensou que Deus havia escolhido o homem errado. Ele tinha medo de falar com o faraó e quis jogar a responsabilidade para outra pessoa. Mas a força de que Moisés precisava para aquela tarefa foi dada por Deus.

Deus já lhe pediu que fizesse algo e você pensou que era demais para você? Se isso já aconteceu, vai entender exatamente como Moisés se sentiu. Mas, quando Deus pede que você faça algo — mesmo algo muito difícil —, ele sempre dá a força e a coragem para fazê-lo!

Não perca!
Deus fala a Moisés no arbusto em chamas (Êxodo 3)
As dez pragas e a saída do Egito (Êxodo 7—14)
Os Dez Mandamentos (Êxodo 20)

OS DEZ MANDAMENTOS

1. Não tenha outros deuses além de mim.
2. Não faça para si espécie alguma de ídolos.
3. Não use o nome do SENHOR, seu Deus, de forma indevida.
4. Lembre-se de guardar o sábado, fazendo dele um dia santo.
5. Honre seu pai e sua mãe.
6. Não mate.
7. Não cometa adultério.
8. Não roube.
9. Não dê falso testemunho contra o seu próximo.
10. Não cobice algo do seu próximo.

José: de escravo a administrador

Gênesis 37, 39—50

Consegue achar as palavras escondidas? Elas podem estar na horizontal, na vertical, na diagonal, de cima para baixo, de baixo para cima, da esquerda para a direita, da direita para a esquerda... Ao encontrar uma das palavras, não se esqueça de marcá-la.

```
I N V E J A R Z F O L A M E N T O
U H U G M Ç G F A Q T K E N V B J
A D M I N I S T R A D Ç R W A A O
B S L T U N I C A D W P C S C G S
U U E O V J K G O D L I A O A D E
N M T T V A C A S G O R D A S P O
D Ç S H E H Y A T R O U O H M O I
A Z O Q S A S A F A A S R F A Ç S
N A A Q C M N Z F O Z T E M G O O
C X M X R E J O S L M P S N R L N
I A R M A Z E N S K O E K Q A B H
A T I V V V D J U B Q P R I S A O
O H B P O T I F A R L X Ç O R X S
```

ABUNDÂNCIA	GRÃO	POTIFAR
IRMÃOS	JACÓ	PRISÃO
TÚNICA	INVEJA	ADMINISTRADOR
SONHOS	JOSÉ	SETE ANOS
EGITO	MERCADORES	ESCRAVO
FOME	LAMENTO	ARMAZÉNS
VACAS GORDAS	FARAÓ	VACAS MAGRAS
GÓSEN	POÇO	

O bê-a-bá da Bíblia

Levítico

Regras, regras, regras. Arrume seu quarto. Lave suas mãos. Olhe dos dois lados da rua. Coma as verduras. Às vezes parece que a única coisa que você escuta são regras.

Regras, porém, são importantes. Elas nos guiam e nos ensinam o jeito certo de viver. Da mesma maneira que pais e professores ditam regras para sua proteção, Deus entregou a seus filhos um conjunto de leis para viver. Há regras sobre quais comidas são boas e quais deveriam ser evitadas. Há regras sobre quais roupas vestir, quem poderia ser sacerdote e como os pobres deveriam ser tratados. Algumas daquelas regras parecem bem estranhas hoje, mas elas ajudaram o povo de Deus a viver em paz e harmonia.

Não perca!
Os primeiros sacerdotes (Levítico 8)
Os dias santos e as festas (Levítico 23)

Números

Você já foi a uma reunião de família? Você encontra seus tios, tias, primos, avós... talvez até seus bisavós. Quem sabe tire uma foto de toda a família para se lembrar de quem estava lá.

O livro de Números é como uma foto de uma reunião de família. É uma *selfie* de todas as pessoas que viveram na família de Deus. Há longas listas de nomes neste livro, mas também há espiões, batalhas... e até mesmo uma jumenta falante! É uma época empolgante para os israelitas: depois de quarenta anos vagando no deserto, eles finalmente estão se preparando para entrar na Terra Prometida.

Não perca!
O relatório dos espiões (Números 13—14)
Balaão e a jumenta (Números 22)
Josué é escolhido como líder (Números 27)

Deuteronômio

Você já teve de dizer adeus a alguém? Um adeus do tipo "para sempre"? Pode ser que alguém de quem você gostava muito estivesse morrendo. Talvez um amigo estivesse se mudando para longe. Se você sabia que seria a última vez que veria essa pessoa, não iria perder nem um segundo. Você diria as mais verdadeiras e mais importantes de todas as palavras: *Amo você*.

Moisés está ficando velho, e sabe que é o momento de morrer. Porém, ele ainda tem algumas coisas para dizer ao povo de Deus, as mais verdadeiras e mais importantes de todas as palavras: *Deus ama vocês*. O livro de Deuteronômio é a mensagem de adeus de Moisés aos israelitas. Ele os lembra do pacto, da aliança que Deus fez com eles. Deus é o único Deus verdadeiro, diz Moisés. Deus vai cuidar de seu povo e protegê-lo — ou seja, vai cuidar de nós e nos proteger — e, para isso, ele quer nossa adoração e obediência.

Não perca!
Moisés ensina sobre o amor de Deus (Deuteronômio 6—7)
O cuidado de Deus com os necessitados (Deuteronômio 15)
A morte de Moisés (Deuteronômio 32—34)

Josué

Você já foi viajar de carro e teve a impressão que nunca iria chegar? Imagine como os israelitas se sentiam após ficar vagando no deserto por QUARENTA ANOS! Depois de sair da escravidão do Egito, eles tinham finalmente, finalmente, *fi-nal-men-te* chegado à Terra Prometida... mas havia mais um problema. Já havia alguém morando ali.

O livro de Josué conta a história de como Deus ajudou os israelitas a conquistar a terra de Canaã. Como era de se esperar, os israelitas nem sempre fizeram exatamente aquilo que Deus mandou. Na verdade, fizeram uma confusão e tanto... Mas Deus está sempre presente para pastorear seu povo.

Não perca!
Raabe e os espiões (Josué 2)
A batalha de Jericó (Josué 6)
O sol fica parado (Josué 10)
A mensagem de adeus de Josué e sua morte (Josué 23—24)

Juízes

Depois da morte de Josué, o povo de Deus continuava precisando de um líder. Eles precisavam de alguém para lembrá-los da Palavra de Deus e ajudá-los a viver de acordo com suas leis. Então, Deus enviou juízes — pessoas como Débora, Sansão e Gideão — para governar e guiar os israelitas.

Nem sempre, porém, o povo escutava esses juízes, da mesma forma que nós nem sempre escutamos os pastores e professores hoje em dia. Os israelitas lutaram, pecaram e desobedeceram. De *montão*. Todo o livro de Juízes pode ser resumido em seu último versículo: "Naqueles dias, Israel não tinha rei; cada um fazia o que parecia certo a seus próprios olhos".

Não perca!
Débora (Juízes 4—5)
Gideão (Juízes 6—8)
Sansão (Juízes 13—16)

Rute

O livro de Rute contém uma das mais belas histórias de amor do mundo. (Mas não se preocupe: não é do tipo sentimental e piegas.)

A história acontece "nos dias em que os juízes governavam Israel", exatamente no tempo daquela violência, guerra e desobediência que acabamos de ler em Juízes. Rute é uma jovem cujo marido morreu. Por causa de sua devoção à sogra, Noemi, elas viajam juntas para Belém. Não sabem como vão sobreviver, como vão achar comida, ou onde vão dormir. Mas Deus está prestes a intervir da maneira mais impressionante.

Você já teve a sensação de não saber para onde ir? De estar numa situação sem saída... e então Deus mostrou que cuidaria de você, apesar de tudo? Se isso já aconteceu, você vai entender como Rute se sentiu quando chegou a Belém. Essa não é apenas mais uma história de amor açucarada. É uma história sobre Deus indo longe para cuidar dos filhos que ele ama.

Não perca!
O resgatador (Rute 3)

Primeiro Samuel

Você já foi à escola e descobriu que todo mundo estava com um novo *smartphone*... menos você? Ou que todo mundo estava usando cachecol... menos você? Ou que todo mundo tinha pintado o cabelo de roxo... menos você? Deu vontade de entrar na onda, não deu? Você quis ter o que todo mundo tinha.

Os israelitas saberiam exatamente como você se sentiu. Eles queriam o que todas as outras nações nas redondezas tinham: um rei. O livro de 1Samuel é a história de como Deus enfim concedeu aquilo que o povo queria, mesmo sabendo que não era o melhor para eles. O profeta Samuel unge Saul como rei, mas Saul não se mantém fiel a Deus. Deus tem outro rei em mente: um jovem pastor de ovelhas chamado Davi.

Não perca!
O povo exige um rei (1Samuel 8)
Davi e Golias (1Samuel 17)
Davi e Jônatas (1Samuel 18—20)

Segundo Samuel

Quando Deus chamou Davi para ser rei de Israel, ele não devia ser muito mais velho que você. Em 2Samuel, encontramos a história de como Davi se tornou o maior rei de Israel. A Bíblia diz que ele era um "homem segundo o coração de Deus", mas, com certeza, ele não era perfeito. Ele cometeu muitos erros. Roubou a mulher de outro homem. Cometeu um assassinato para encobrir isso. Seus filhos se rebelaram contra ele. Durante a leitura, note quantas vezes Davi pisa na bola mas aprende a se arrepender — e veja como Deus usa cada grande erro para fazer o bem.

Não perca!
Davi e Bate-Seba (2Samuel 11—12)
A morte de Absalão (2Samuel 18)

Primeiro Reis

Quem foi a pessoa mais sábia que você já conheceu? Sua avó, talvez? E que tal seu pastor? Ou seus pais? Talvez um professor?

Salomão, filho do rei Davi, foi a pessoa mais sábia que já viveu. E, ainda assim, tomou algumas decisões bem estúpidas. Ele se casou com muitas (muitas!) mulheres diferentes, e algumas delas não adoravam a Deus. Ao contrário, elas ensinavam aos israelitas sobre outros deuses — falsos deuses. Deus mandou, então, profetas como Elias para lembrar o povo de que deveriam adorar somente ao Deus verdadeiro.

Depois que o rei Salomão morreu, os israelitas discutiram e brigaram muito. Ninguém concordava sobre quem deveria ser o próximo rei. A briga ficou tão feia que a nação se dividiu em duas: Israel no norte e Judá no sul. Muitos reis governaram Israel e Judá depois de Salomão. Alguns deles tentaram seguir a Deus, mas, em sua maioria, eles foram maus.

Não perca!
A sabedoria de Salomão (1Reis 3—4)
A rainha de Sabá (1Reis 10)

O reino dividido (1Reis 12)
Acabe e Jezabel (1Reis 16—22)
Elias no monte Carmelo (1Reis 18)

Segundo Reis

O livro de 2Reis é a história de uma nação em perigo. Muitos reis diferentes governaram Israel e Judá, e quase todos incentivaram os israelitas a adorar falsos deuses. Deus estava descontente com seu povo. Por muitos anos ele lhes mostrou o jeito certo de viver, e o povo continuava se afastando. A Bíblia nos conta que "os israelitas praticaram muitos atos perversos que provocaram a ira do SENHOR" (2Reis 17.11).

O livro termina com outras nações invadindo seu território e levando os israelitas capturados. Por causa de sua desobediência, o povo de Deus foi escravizado outra vez — exatamente como no Egito.

Não perca!
Elias e o carro para o céu (2Reis 2)
O ministério de Eliseu (2Reis 2—6)
A destruição de Israel (2Reis 17)
As reformas de Josias (2Reis 22—23)
A destruição de Judá (2Reis 25)

Primeiro Crônicas

Esse livro conta as mesmas histórias que 2Samuel, mas de outro ponto de vista. Provavelmente o livro foi escrito logo depois de os israelitas terem voltado do cativeiro. Funcionava como um lembrete dos "dias gloriosos" de Israel, o tempo em que o povo adorava o único Deus verdadeiro. Nesse livro, não lemos nada sobre os erros de Davi. Somos lembrados de todas as coisas boas que ele fez e de como ele e os israelitas agradavam a Deus.

Não perca!
Davi se torna rei (1Crônicas 11)
A oração de Davi pelo templo (1Crônicas 29)

Segundo Crônicas

Esse livro continua a história de Davi e Salomão. Em 2Crônicas, você vai ler sobre o templo que Salomão construiu para honrar a Deus. O autor também inclui histórias de reis maus. Sua intenção era que os israelitas se lembrassem dos bons tempos, mas também queria adverti-los dos perigos de não obedecer a Deus.

Não perca!
O reinado de Josafá (2Crônicas 17—20)
As reformas de Ezequias (2Crônicas 29—30)
O reinado de Josias (2Crônicas 34—35)

Esdras

O povo de Deus passou décadas no exílio, quase tanto tempo quanto a idade de seus avós! Mas lembre-se disto: não importa o quanto eles haviam pecado, Deus nunca deixa seu povo sem esperança. Os israelitas são libertos do cativeiro e retornam para sua terra natal. E qual é a primeira coisa que fazem? Reconstruir o templo, o lugar onde adoravam a Deus.

Não perca!
A conclusão do templo (Esdras 6)

Neemias

Os israelitas tinham um trabalho enorme nas mãos. Era o momento de reconstruir os muros em volta de Jerusalém... e era *muuuito* trabalho. Trabalho demais para uma pessoa só, ou até mesmo para uma centena de pessoas.

Ainda bem que Deus mandou Neemias para inspirar os israelitas. Ele os motivou e os animou, ajudou a levar seus planos para a frente e os lembrou das leis que Deus havia ensinado para a vida do povo.

Você já teve de encarar uma tarefa enorme e precisou de ajuda para finalizá-la? Talvez tenha precisado que um de seus pais se sentasse ao seu lado para achar a solução, ou quem sabe tenha precisado de um amigo que dissesse: "Vamos lá! Você consegue!". Você pode pedir a Deus por um Neemias, isto é, alguém que o ajude a concluir o trabalho que Deus o encarregou de fazer.

Não perca!
A reconstrução dos muros (Neemias 4—6)
Leitura da Lei e confissão dos pecados (Neemias 8—9)

Ester

Você já teve de guardar um segredo? Um daqueles segredões enormes? Talvez seu pai esteja planejando uma surpresa para sua mãe e não quer que você conte. Talvez você saiba por quem seu amigo está apaixonado.

Ester, a rainha da Pérsia, também tinha um segredo. Mas não era um segredo qualquer. Se alguém descobrisse o que ela escondia, Ester poderia ser morta.

Esse livro conta a história de uma mulher corajosa, inteligente e fiel que se viu envolvida numa situação difícil. É um livro recheado de perigo e suspense, com uma rainha tentando salvar seu povo de um plano maligno. E Deus, como sempre, está trabalhando por trás das cortinas para cuidar do povo que ele ama.

Não perca!
A coragem de Ester (Ester 4—5)
A festa de Purim (Ester 9)

Jó

Jó estava tendo um dia ruim daqueles. Um dia ruim MESMO. Bandidos mataram seus servos. Seu gado se perdeu num incêndio. E então chega a notícia de que a casa havia caído (literalmente) sobre seus filhos, e todos morreram.

A maioria de nós nunca experimentou sofrimento nesse nível. Mas todos temos dias em que os problemas aparecem. Todos temos momentos em que o coração dói e, não importa o quanto choramos, nada parece melhorar. Lágrimas não podem impedir que seu avô morra. Lágrimas não podem devolver o emprego de seu pai. Lágrimas não podem fazer seus pais continuarem casados.

Nesses momentos difíceis, queremos gritar com Deus. Queremos perguntar se ele está realmente prestando atenção em nós. No livro de Jó, Deus fala diretamente com um homem que está sofrendo. Ele não diz: "O tempo vai curar suas feridas". Não diz: "Tudo acontece por um motivo". Sua fala é muito mais misteriosa — e muito mais maravilhosa — do que isso.

Não perca
A prova de Jó (Jó 1—2)
Deus fala (Jó 38—41)
A confissão de Jó e sua restauração (Jó 42)

Salmos

Já ficou tão feliz que deu vontade de sair cantando? Ou com tanta raiva que queria bater na parede? Já se sentiu tão desamparado que quis chorar? Tão solitário que não sabia para onde ir? Tão alegre que as gargalhadas surgiam sem controle?

O rei Davi também. O livro de Salmos é uma coleção de canções que Davi e outros músicos escreveram para Deus. Essas orações e poemas estão repletos de emoção, mostrando que tudo bem ficar empolgado, impaciente, frustrado, ansioso, desesperado ou muito alegre! Para cada um dos seus sentimentos, há um salmo que combina perfeitamente. Quando quiser conversar com Deus, mas não souber muito bem por onde começar, vá ao livro de Salmos.

Está tentando dizer a Deus que confia nele em qualquer situação? Dê uma olhada no salmo 13.

Precisa de ajuda e não tem certeza de que caminho seguir? Tente o salmo 42.

Precisa pedir perdão a Deus? Leia o salmo 51.

Está com medo? Abra no salmo 91.

Seu coração está transbordando de gratidão? Salmo 100, com certeza.

Precisa de palavras de segurança? Vá ao salmo 121.

Já se perguntou se Deus realmente se importa com você? A resposta está no salmo 139.

Não perca!

O Senhor é meu Pastor (Salmo 23)
Confie em Deus (Salmo 27)
A palavra de Deus (Salmo 119)
Adoração e louvor (Salmo 150)

Provérbios

Talvez você já tenha ouvido um de seus pais ou professores dizendo um provérbio, do tipo:

Diga-me com quem anda e eu direi quem você é.

Ações falam mais alto do que palavras.

Quando um não quer, dois não brigam.

Provérbios são bons conselhos ou frases sábias. Mas você sabia que há um livro inteirinho de provérbios na Bíblia?

O rei Salomão foi a pessoa mais sábia que já viveu, e esse livro está recheado de suas (e também de alguns outros) dicas e conselhos práticos sobre coisas como escolher bons amigos, ter compaixão com os necessitados e tomar cuidado com o que se diz. A mais importante lição é esta: "O temor do SENHOR é o princípio da sabedoria" (Provérbios 9.10).

Provérbios para lembrar

Confie no SENHOR de todo o coração; não dependa de seu próprio entendimento. Busque a vontade dele em tudo que fizer, e ele lhe mostrará o caminho que deve seguir. *(Provérbios 3.5-6)*

Acima de todas as coisas, guarde seu coração, pois ele dirige o rumo de sua vida. *(Provérbios 4.23)*

Não se dê o trabalho de repreender o zombador, pois ele o odiará; repreenda, porém, o sábio, e ele o amará. Instrua o sábio, e ele crescerá na sabedoria; ensine o justo, e ele aprenderá ainda mais. *(Provérbios 9.8-9)*

Quem controla a língua terá vida longa; quem fala demais acaba se arruinando. *(Provérbios 13.3)*

Quem tem entendimento controla sua raiva; quem se ira facilmente demonstra grande insensatez. *(Provérbios 14.29)*

A resposta gentil desvia o furor, mas a palavra ríspida desperta a ira. *(Provérbios 15.1)*

Planos fracassam onde não há conselho, mas têm êxito quando há muitos conselheiros. *(Provérbios 15.22)*

O orgulho precede a destruição; a arrogância precede a queda. *(Provérbios 16.18)*

Deixe que outro o elogie, e não sua própria boca; alguém desconhecido, e não seus próprios lábios. *(Provérbios 27.2)*

Como a água reflete o rosto, assim o coração reflete quem a pessoa é. *(Provérbios 27.19)*

Eclesiastes

A alegria está no coração de quem já conhece o Senhor...
   Se você está feliz bata palmas...
   Este é o dia que fez o Senhor! Alegremos e nele exultemos!

Parece que, tendo Jesus no coração, você deveria ficar feliz o tempo todo, certo?

Não necessariamente. O livro de Eclesiastes diz que é normal sentir às vezes que a vida é injusta, e até mesmo sem sentido. Mas uma vida vivida para Deus nos dá sentido, sabedoria e propósito, mesmo que não garanta que tudo vai dar certo.

Não perca!
Há tempo para tudo (Eclesiastes 3)
Sirva a Deus enquanto é jovem (Eclesiastes 11—12)

Cântico dos Cânticos

Rosas são vermelhas, violetas são azuis...

Você já se apaixonou? Talvez esteja apaixonado neste exato momento? Tão apaixonado que até escreveu um poema?

Cântico dos Cânticos é um dos mais antigos poemas de amor. Uma noiva e seu noivo estão se casando, e agora eles vão celebrar um tipo especial de amor. Esse livro fala sobre um amor especial e cheio de alegrias. A noiva e o noivo compartilham sua empolgação, seu carinho e o prazer de estarem juntos. É um amor que vai além de rosas vermelhas e violetas azuis. O amor no casamento é uma imagem de como Deus ama seu povo e faria qualquer coisa para salvá-lo... até mesmo morrer.

Não perca!
Descrição da noiva (Cântico dos Cânticos 4)
Descrição do noivo (Cântico dos Cânticos 5)

Isaías

Isaías foi profeta em Judá durante o reinado de quatro reis, e seu trabalho era avisar a cada um desses reis da ameaça das nações estrangeiras. Mas, no meio dessas ameaças de julgamento, ele também oferecia uma mensagem de esperança que olhava para além do sofrimento iminente que deveriam encarar, na direção do reino do Messias que viria e salvaria o povo de Deus de seus pecados. Seu livro está cheio de palavras poderosas e lindas imagens, e nos lembra de que a salvação vem somente de Deus.

Não perca!
O chamado de Isaías (Isaías 6)
O Servo sofredor (Isaías 53)
A glória do reino vindouro (Isaías 65)

Jeremias

Já teve a impressão de que ninguém estava ouvindo você? Talvez você tivesse uma boa ideia, mas ninguém deu ouvidos. O profeta Jeremias saberia exatamente como você se sentiu: mesmo tendo uma importante mensagem, não conseguiu achar ninguém que o escutasse. Por causa disso, algumas pessoas o chamam de "o profeta chorão".

Quer saber qual era a mensagem que ninguém queria ouvir? O julgamento estava próximo. O povo de Deus estava pecando tanto que Deus resolveu puni-lo. Jeremias lembrou o povo de que o Oleiro (Deus) queria moldar o barro (o povo de Deus, e você também) na forma que ele os havia imaginado. Essa mensagem continua sendo importante nos dias de hoje. Como Deus está tentando moldar você?

Não perca!
O Oleiro e o barro (Jeremias 18)
A nova aliança (Jeremias 31)

Lamentações

Qual foi a última vez que você se sentiu muito, muito triste? O que você fez? Chorou? Contou para alguém o quanto aquilo estava doendo? Fez uma oração?

Lamentações é a oração de Jeremias. Ele não estava apenas triste, ele estava em agonia. Jerusalém, a cidade sagrada de Deus, havia sido destruída por nações inimigas. Nessa oração, Jeremias implora pelo perdão de Deus e clama aos israelitas que entreguem novamente sua vida ao Senhor. Esse livro nos lembra de que podemos falar com Deus em qualquer situação, mesmo quando estamos sofrendo e não conseguimos imaginar que exista esperança.

Não perca!
Uma lembrança de que Deus é fiel (Lamentações 3)

Ezequiel

Ezequiel foi um profeta enviado por Deus para pregar aos israelitas no exílio. E algumas dessas pregações foram bem esquisitas! Ele ficou deitado do lado esquerdo por 390 dias só para demonstrar o que estava dizendo. Ele comeu uma refeição... cozida sobre esterco de vaca. Ele quebrou vasos e contou ao povo sobre as incríveis visões simbólicas que Deus lhe tinha dado.

Por que ele fez tudo isso? Para lembrar o povo de Deus de que a salvação estava a caminho. Para muitas pessoas da época Ezequiel deve ter parecido maluco, mas sua mensagem era de esperança.

Não perca!
Uma visão da glória de Deus (Ezequiel 1—3)
O vale dos ossos secos (Ezequiel 37)
O templo celestial no futuro (Ezequiel 40—48)

Daniel

E se todos estivessem fazendo algo que você sabe que está errado? Você faria também? Ou permaneceria firme com aquilo que sabe que é certo?

Daniel é a história de um jovem não muito mais velho que você, enfrentando exatamente essa questão. Ele deveria comer a comida que Deus havia proibido? Deveria parar de orar ao único Deus verdadeiro? Deveria se curvar diante de uma estátua de ouro? O livro de Daniel conta a maravilhosa história de Deus vindo resgatar seus filhos mesmo quando não parece haver escapatória.

Não perca!
A fornalha ardente (Daniel 3)
Daniel na cova dos leões (Daniel 6)

Oseias

O que você faria se um amigo prejudicasse você? Talvez revelando um segredo seu pelas costas? Você o perdoaria?

E se ele fizesse de novo? Ainda seria seu amigo? E uma terceira vez? Ou uma quarta? Provavelmente você não iria mais querê-lo como amigo.

O livro de Oseias é uma imagem do amor paciente de Deus por seu povo. Aquele tipo de amor que não muda, não importa o que façamos. É um amor que persiste hoje, ainda que não o mereçamos. Mesmo dando as costas a Deus muitas e muitas vezes, ele continua a nos estender suas mãos e nos envolver com seu abraço amoroso.

Não perca!
Oseias e Gômer (Oseias 1—3)
O amor de Deus por Israel (Oseias 11)
Um futuro cheio de esperança (Oseias 14)

Joel

Quando você faz algo errado, seus pais perdoam você. Mas, primeiro, você deve encarar as consequências do que fez. Seus pais podem puni-lo, mesmo que continuem amando você. Acontece a mesma coisa com Deus: ele ama seu povo, mas esse mesmo povo não pode continuar pecando sem encarar o julgamento de Deus.

Nesse livro, o profeta Joel alerta o povo de Deus de que a punição pelos pecados está se aproximando. Junto com a punição, porém, vem a esperança de que eles serão restaurados à presença de Deus.

Não perca!
O Dia do Senhor (Joel 2)

Amós

"Eu posso listar todos os livros da Bíblia na sequência. Aposto que você não consegue!"

"Eu tirei uma nota muito maior que a sua no meu teste de memorizar a Bíblia."

"Eu acho que Deus sempre responde às minhas orações porque nunca me esqueço de ler a Bíblia."

Parece familiar? É muito fácil ficarmos orgulhosos de nosso relacionamento com Deus. Às vezes usamos nossa fé para fazer os outros se sentirem mal... e Deus não gosta disso nem um pouquinho.

As coisas não eram muitos diferentes naquela época em Israel. Então, Deus mandou um profeta chamado Amós para pregar ao povo. As palavras de Amós foram duras com o orgulho dos israelitas, criticando o modo como eles gostavam de se mostrar quando adoravam. Como disse Amós, Deus não gosta quando fingimos amá-lo só para impressionar outras pessoas. Ele também falou contra a injustiça que deixava os pobres esquecidos e oprimidos. Como podemos alegar sermos fiéis seguidores de Deus, mas, ao mesmo tempo, negligenciar as pessoas que mais precisam dele?

Não perca!
Um chamado ao arrependimento (Amós 5)
Um alerta aos ricos (Amós 6)

Obadias

Os israelitas não eram os únicos que ignoravam as leis de Deus. Os edomitas, vizinhos de Israel, também pecaram e tiveram de sofrer a punição divina. O pequeno livro de Obadias é um alerta que chama o povo a se arrepender, confessar seus pecados e voltar para Deus.

Jonas

Alguma vez você realmente, mas realmente *mesmo*, não quis ir a algum lugar? Talvez estivesse com medo de uma consulta no dentista. Quem sabe não quisesse ir à casa da amiga de sua mãe por saber que o filho dela era meio mal-encarado.

Talvez você até tenha pensado em fugir.

Foi o que Jonas fez.

O povo de Nínive tinha se rebelado contra Deus e agia de forma agressiva com Israel. Não adoravam a Deus nem seguiam seus mandamentos. O Senhor mandou seu profeta Jonas ir a Nínive e lembrar aquele povo a respeito de Deus, para que não fossem destruídos. Mas Jonas não queria ir. Ele preferia que Deus destruísse os inimigos de Israel. Então, decidiu fugir para longe... mas não dá para fugir para longe de Deus.

Não perca!
Jonas e o grande peixe (Jonas 1—2)

Miqueias

Deus mandou seu profeta Miqueias falar contra a injustiça. Deus quer de nós mais do que apenas pensar em coisas santas ou dizer coisas santas, diz Miqueias. Também temos um chamado para aqueles em situação de necessidade. Miqueias nos dá uma amostra do futuro glorioso, quando o Senhor vai juntar seu povo em um reino governado pelo Messias.

Não perca!
Julgamento para os que são maus com os pobres (Miqueias 3)

Naum

Lembra-se de Jonas? Mais de cem anos depois da viagem missionária no grande peixe, o povo de Nínive havia mais uma vez esquecido quem era Deus. Naum foi enviado para alertá-los de que Deus já estava achando aquilo demais. Mas, junto com a mensagem de alerta, Naum lembra o povo de que Deus é lento para se irar e transbordante em amor.

Não perca!
Um salmo sobre a majestade de Deus (Naum 1)

Habacuque

Era uma época sombria para Judá. O povo de Deus estava sofrendo, mas, em vez de ajudarem uns aos outros, eles se tornaram violentos e perseguiam os mais necessitados. E ali perto, no horizonte, os babilônios esperavam para invadir. Habacuque, um dos profetas de Deus, pergunta: "Por que o Senhor permite toda essa dor?". A resposta de Deus é simples: o povo está sendo julgado por seus pecados.

Mas os babilônios não eram mais santos do que os israelitas. Deus declara que eles também seriam punidos pelo que fizeram de errado. Habacuque termina com uma oração de fé e confiança.

Não perca!
O justo viverá pela fé (Habacuque 2)

Sofonias

O profeta Sofonias levou a palavra de Deus ao povo durante o reinado de Josias. Ele lhes garantiu que Judá seria julgado por seus pecados, mas também olhava para a frente, para o futuro Dia do Senhor. Josias foi um dos poucos reis que seguiram a lei de Deus, então parece que a mensagem de Sofonias foi bem recebida.

Não perca!
Israel será restaurado (Sofonias 3)

Ageu

Depois do exílio, Ageu retornou a Jerusalém e viu que o povo estava triste. A vida andava tão difícil que eles pararam de construir o templo. Ageu lembrou o povo de que o templo (assim como a igreja) é mais do que um prédio. É um sinal de que a terra é dedicada a Deus. Se colocarmos Deus em primeiro lugar, vamos experimentar suas bênçãos.

Não perca!
A profecia do templo (Ageu 2)

O bê-a-bá da Bíblia

Zacarias

Da mesma forma que Ageu, Zacarias pregou aos desanimados judeus que haviam retornado do exílio da Babilônia. Mas, em vez de focar os problemas do presente, Zacarias teve uma série de oito estranhas visões sobre o futuro. Ninguém sabe exatamente o que essas visões significam, mas sabemos que ele estava falando da vinda do Messias, Jesus, que salvaria o povo dos pecados. Quando Zacarias fala desse futuro glorioso, quase não consegue conter a empolgação.

Não perca!
O pastor ferido (Zacarias 12—13)

Malaquias

Você está percebendo um padrão nas mensagens dos profetas? Deus leva muito a sério suas palavras sobre as consequências do pecado e da desobediência! É fácil negligenciar nossa adoração e nossas responsabilidades como filhos de Deus, mas Malaquias nos lembra de permanecermos fiéis a ele e de seguirmos seus caminhos.

Não perca!
O pecado do povo (Malaquias 3)

O Novo Testamento

Consegue achar os nomes dos livros do Novo Testamento? Eles podem estar na horizontal, na vertical, na diagonal, de cima para baixo, de baixo para cima, da esquerda para a direita, da direita para a esquerda... Ao encontrar um dos nomes, não se esqueça de marcá-lo.

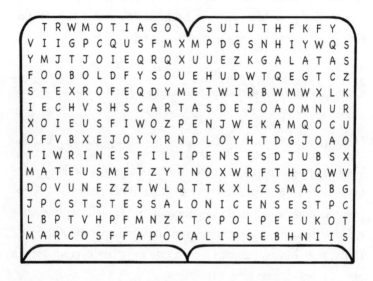

- MATEUS
- MARCOS
- LUCAS
- JOÃO
- ATOS
- ROMANOS
- CORÍNTIOS
- GÁLATAS
- EFÉSIOS
- FILIPENSES
- COLOSSENSES
- TESSALONICENSES
- TIMÓTEO
- TITO
- FILEMOM
- HEBREUS
- TIAGO
- PEDRO
- CARTAS DE JOÃO
- JUDAS
- APOCALIPSE

O Novo Testamento

Mateus

O povo de Deus já esperava pelo Messias fazia muito tempo. Os profetas contavam histórias sobre como ele seria, e o Evangelho de Mateus nos mostra que todas aquelas histórias haviam se concretizado em Jesus Cristo!

Mateus olha para a vida e a morte de Jesus de um ponto de vista judeu, conectando os eventos de sua vida com as esperanças e expectativas do povo. O livro começa com a árvore genealógica de Jesus, provando que Jesus descende dos reis. Mateus quer deixar este ponto bem claro: Jesus de Nazaré é o tão esperado Messias, aquele que instaura o reino de Deus.

Não perca!
O nascimento de Jesus (Mateus 1—2)
O Sermão do Monte (Mateus 5—7)
A ressurreição (Mateus 28)
A Grande Comissão (Mateus 28)

As Bem-aventuranças

Felizes os **pobres de espírito**,
pois o **reino dos céus** lhes pertence.

Felizes os que **choram**,
pois serão **consolados**.

Felizes os **humildes**,
pois **herdarão a terra**.

Felizes os que têm **fome e sede de justiça**,
pois **serão saciados**.

Felizes os **misericordiosos**,
pois serão **tratados com misericórdia**.

Felizes os que têm **coração puro**,
pois **verão a Deus**.

Felizes os que **promovem a paz**,
pois serão chamados **filhos de Deus**.

Felizes os **perseguidos por causa da justiça**,
pois **o reino dos céus** lhes pertence.

Marcos

Quando você se anima muito para contar uma história, quase não consegue se segurar. Marcos estava empolgado para contar às pessoas sobre Jesus. Nesse Evangelho, Marcos não se preocupa em descrever a história familiar de Jesus ou os detalhes de seu nascimento. Ele pula direto para o ministério de Jesus.

Esse é um Evangelho acelerado e cheio de ação. A impressão é de que Marcos ficou sem fôlego quando o escreveu! Aqui, você vai ler histórias sobre Jesus curando doentes, fazendo milagres e ensinando às pessoas sobre o reino de Deus.

Não perca!
A morte de João Batista (Marcos 6)
Jesus caminha sobre as águas (Marcos 6)
O preço de seguir Jesus (Marcos 10)

Lucas

Se você tiver uma história inacreditável para contar, alguém poderia levantar a sobrancelha e dizer: "Sério? Prove!". Vão pedir detalhes e evidências que comprovem que sua história é verdadeira.

Lucas escreveu a história de Jesus para pessoas que duvidavam. Ele coloca muitos detalhes que demonstram que sua história é correta e confiável. Lucas nos mostra que Jesus não veio para salvar apenas os judeus, mas para salvar a *todos*. Ele também discute sobre as preocupações de Jesus com os excluídos da sociedade: os pobres, os oprimidos, os doentes e aqueles que sofrem. A eles, Jesus traz uma mensagem de esperança e o amor do Pai celestial.

Não perca!
O nascimento de Jesus (Lucas 1—2)
O bom samaritano (Lucas 10)
Jesus ensina a orar (Lucas 11)
O filho perdido (Lucas 15)

as parábolas de Jesus

O construtor sábio e o construtor tolo *(Mateus 7.25-27; Lucas 6.47-49)*

A parábola do semeador *(Mateus 13.3-23; Marcos 4.3-20; Lucas 8.5-15)*

A pérola de grande valor *(Mateus 13.45-46)*

A ovelha perdida *(Mateus 18.12-14; Lucas 15.3-7)*

O credor sem piedade *(Mateus 18.23-35)*

Os trabalhadores da videira *(Mateus 20.1-16)*

Os dois filhos *(Mateus 21.28-32)*

Os lavradores maus *(Mateus 21.33-44; Marcos 12.1-11; Lucas 20.9-18)*

O banquete de casamento *(Mateus 22.1-14)*

A figueira *(Mateus 24.32-35; Marcos 13.28-29; Lucas 21.29-31)*

O servo fiel e sábio *(Mateus 24.45-51; Lucas 12.42-48)*

As dez virgens *(Mateus 25.1-13)*

Os talentos *(Mateus 25.14-30, Lucas 19.12-27)*

As ovelhas e os bodes *(Mateus 25.31-46)*

O bom samaritano *(Lucas 10.30-37)*

O tolo rico *(Lucas 12.16-21)*

O grande banquete *(Lucas 14.16-24)*

A moeda perdida *(Lucas 15.8-10)*

O filho perdido *(Lucas 16.19-31)*

A viúva insistente *(Lucas 18.1-8)*

João

Os três primeiros Evangelhos contam histórias parecidas, mas o Evangelho de João é diferente dos outros. João é mais reflexivo, explorando os mistérios mais profundos sobre quem é Jesus e por que ele veio a este mundo. Esse livro nos conta que Jesus é o próprio Deus, e que veio para tomar sobre si nossos pecados. Nós merecemos morte e julgamento, mas Cristo toma nosso lugar na cruz e, em troca, nos dá vida e glória. Ao ler, conte quantas vezes Jesus diz "Eu sou" e preste atenção ao que ele diz sobre si próprio.

Não perca!
No princípio (João 1)
Jesus e Nicodemos (João 3)
Jesus e a samaritana (João 4)
A crucificação e a ressurreição (João 19—20)

as grandes declarações "eu sou" de Jesus

Eu sou o **pão da vida** *(João 6.35,48)*

Eu sou a **luz do mundo** *(João 8.12; 9.5)*

Eu sou a **porta** *(João 10.7,9)*

Eu sou o **bom Pastor** *(João 10.11,14)*

Eu sou a **ressurreição e a vida** *(João 11.25)*

Eu sou o **caminho, a verdade e a vida** *(João 14.6)*

A mensagem do Evangelho

João 3.16

Veja quantas palavras destacadas desse versículo você consegue achar. Não se esqueça de marcar o que já encontrou.

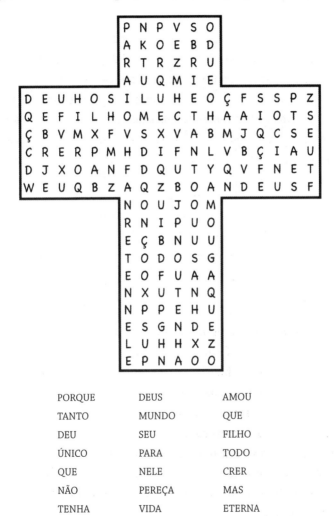

PORQUE	DEUS	AMOU
TANTO	MUNDO	QUE
DEU	SEU	FILHO
ÚNICO	PARA	TODO
QUE	NELE	CRER
NÃO	PEREÇA	MAS
TENHA	VIDA	ETERNA

Um passeio pela Bíblia, livro por livro

Atos

Lucas não havia terminado de contar a história de Jesus. No livro de Atos, Lucas nos diz o que aconteceu depois de Jesus ter levantado dos mortos e subido para o céu. Os discípulos estavam cheios do Espírito Santo, e tinham uma nova missão na vida: contar a todos sobre a salvação que Jesus trouxe ao mundo. É uma mensagem que não mudou em dois mil anos.

Em Atos, você lê histórias sobre Pedro, o discípulo que chegou a negar que conhecia Jesus; Estêvão, a primeira pessoa a ser morta por suas crenças; e Paulo, o primeiro missionário. Procure por todas as formas de ação do Espírito Santo nesse livro. O mesmo Espírito ainda está agindo na igreja hoje — e em você também!

Não perca!
O Espírito Santo e o Pentecostes (Atos 2)
A conversão de Paulo (Atos 9)
A viagem de Paulo a Roma (Atos 27—29)

Romanos

Se você quer muito algo, tem de pagar por isso, certo? Não aos olhos de Deus. O livro de Romanos nos diz que não há nada que podemos fazer para merecer o amor de Deus. Não podemos ser bons o bastante, justos o bastante ou santos o bastante para merecer a salvação que Deus nos dá por meio de Jesus Cristo. Somos todos culpados do pecado. Mas Deus criou um modo para que fôssemos restaurados a um relacionamento com ele — um relacionamento tão especial que podemos chamar Deus de *Papai*. Nada pode nos separar do amor de Deus.

Não perca!
Todos pecaram (Romanos 1—3)
Adão e Jesus (Romanos 5)
Nova vida em Cristo (Romanos 6—8)
Vivendo para Deus (Romanos 12)

Primeira Coríntios

A igreja em Corinto tinha muitos problemas... problemas que parecem comuns até mesmo hoje em dia. A igreja lutava com desentendimentos, inveja e brigas. Eles não estavam vivendo de acordo com os mandamentos de Deus, e não estavam levando a adoração a sério. Não era o que uma comunidade de igreja deveria ser.

Paulo escreveu uma carta à igreja e mostrou que verdadeiros cristãos vivem pelo poder do Espírito Santo, não do jeito que cada um quiser. Paulo os lembrou de que todos são membros conectados do Corpo de Cristo, e todos têm dons a oferecer uns aos outros.

Não perca
Os dons espirituais (1Coríntios 12—14)
Amor (1Coríntios 13)

Segunda Coríntios

Sua babá manda você ir para cama, e você quer ficar e brincar mais um pouco. Então, o que você faz? Talvez saia gritando: "Você não é minha mãe! Você não manda em mim!".

Os membros da igreja de Corinto disseram alguma coisa parecida para Paulo, depois de ele enviar sua primeira carta.

Então, nessa segunda carta para a igreja, Paulo defende seu direito de lhes falar como eles deveriam viver, mostrando que Deus havia feito dele um líder especial para a igreja.

Paulo também mostra que a vida cristã nem sempre é simples. Às vezes servir a Deus pode resultar em muito sofrimento e maus-tratos da parte de outras pessoas.

Não perca!
O espinho na carne de Paulo (2Coríntios 12)

Gálatas

Se você é cristão, tem de obedecer a todas as regras, certo? Não pode usar roupas de determinado tipo. Não pode ir a certos lugares ou conversar com certas pessoas. Tem de fazer isso e aquilo, não pode fazer aquilo outro...

Esta atitude se chama *legalismo*, e em seus primeiros dias a igreja sofreu muito com isso. Só porque Jesus era judeu, algumas pessoas acreditavam que todos os cristãos deveriam seguir as antigas leis dos judeus. Mas a resposta de Paulo é clara: o evangelho de Jesus não tem a ver com seguir leis e fazer o que é certo. Tem a ver com amor e fé. A fé, diz Paulo, produz boas obras, mas fazer o bem não salva ninguém. Podemos seguir todas as regras que quisermos, mas não vai ser isso que nos levará para o céu. Só a graça salvadora de Cristo pode fazê-lo.

Não perca!
Salvação pela fé (Gálatas 2)
O fruto do Espírito (Gálatas 5)

O fruto do Espírito

Gálatas 5.22-23

Consegue achar as palavras da lista abaixo? Elas podem estar na horizontal, na vertical, na diagonal, de cima para baixo, de baixo para cima, da esquerda para a direita, da direita para a esquerda... Ao encontrar uma delas, não se esqueça de marcá-la.

AMOR	ALEGRIA	PAZ
PACIÊNCIA	AMABILIDADE	BONDADE
FIDELIDADE	MANSIDÃO	DOMÍNIO PRÓPRIO

Efésios

A carta de Paulo aos Efésios nos lembra de que não só fomos escolhidos e amados por Deus, mas também que o Espírito Santo nos dá poder para viver uma nova vida em Cristo. Essa nova vida é mostrada em um comportamento santificado, em nossas relações familiares, e em nossa habilidade para resistir ao demônio quando ele tenta nos levar a fazer coisas más. Essa carta nos dá instruções práticas para "andar no Espírito".

Não perca!
Nossa posição em Cristo (Efésios 1)
Casamento e vida em família (Efésios 5—6)
A armadura de Deus (Efésios 6)

Filipenses

Você já ganhou um prêmio? Talvez seu treinador tenha dito que ninguém é melhor que você no time. Talvez seu recital de piano tenha sido o melhor de todos. Talvez você seja a pessoa que mais leu livros em sua classe.

Isso faz você se sentir bem, não é mesmo? Quem sabe fique tão alegre com isso a ponto de ficar se gabando de suas conquistas.

Paulo nos lembra de uma verdade: qualquer coisa de que sintamos orgulho é menos que nada comparado à alegria de conhecer a Cristo. Ele nos incentiva a continuar lutando para conhecer melhor a Jesus, pois Jesus é a única pessoa de quem vale a pena se orgulhar.

Não perca!
Não confie na carne (Filipenses 3)
Alegria em Cristo (Filipenses 4)

O bê-a-bá da Bíblia

Colossenses

O evangelho é assustadoramente simples: Se tivermos fé que Cristo morreu para nos salvar dos pecados, vamos passar a eternidade com ele. Para algumas pessoas, essa mensagem é simples *demais*. Elas querem achar maneiras de fazer a graça salvadora de Deus mais complicada.

O livro de Colossenses é uma carta de Paulo lembrando a igreja de não incluir leis extras no evangelho. Nós não seremos salvos por seguir regras sobre o que podemos e o que não podemos comer. Não seremos salvos por comemorar alguns dias santos. Seremos salvos tão somente por acreditar em Cristo. Paulo dá à igreja (e a nós) um forte lembrete de que o cristianismo diz respeito a Cristo, e apenas a Cristo!

Não perca!
Cristo é o Senhor (Colossenses 1)
Cristo é suficiente (Colossenses 2)

Primeira Tessalonicenses

Paulo tem muitas coisas boas para dizer à igreja nessa carta. Os tessalonicenses se dedicam à verdade, estão enviando missionários e se comportam corretamente no mundo. Mas Paulo não quer que eles desanimem quando pessoas que não acreditam em Cristo fizerem coisas ruins para eles. Ele lembra a igreja de nossa mais bendita esperança: Jesus está voltando!

Não perca!
O retorno de Cristo (1Tessalonicenses 4)

Segunda Tessalonicenses

Assim como fez na primeira carta, Paulo conforta os tessalonicenses com um lembrete do prometido retorno de Cristo. Porém, ele precisa esclarecer alguns mal-entendidos. Muitos cristãos, acreditando que a volta de Jesus estava prestes a acontecer, haviam parado de trabalhar para obter seu sustento. A vida deles consistia apenas em esperar por Jesus, em vez de se focarem em fazer o trabalho de Deus no mundo. Deus nos entregou uma importante missão, diz Paulo, e é nosso dever cumpri-la.

Não perca!
O Dia do Senhor (2Tessalonicenses 2)

Primeira e Segunda Timóteo

Paulo escreveu essas duas cartas para um jovem líder da igreja chamado Timóteo. O orgulho que Paulo sente desse jovem é muito claro, mas isso não faz Paulo deixar de oferecer alguns bons conselhos e instruções sobre como ser um pastor melhor. Ao escrever a segunda carta, a relação parece ainda mais próxima. Paulo incentiva Timóteo a "terminar a corrida".

Não perca!
Responsabilidade pelos necessitados (1Timóteo 5)
Permanecendo fiel (2Timóteo 3—4)

Tito

A exemplo de Timóteo, Tito era um jovem líder da igreja a quem Paulo encorajava e ensinava. Nessa carta, Paulo oferece diretrizes muito específicas sobre a liderança na igreja. Pastores e outros líderes devem ser pessoas boas e ter um bom entendimento dos ensinamentos da igreja.

Não perca!
O ministério de um pastor (Tito 2)

Filemom

Você já ficou com tanta raiva de uma pessoa — um amigo, um irmão, uma irmã — que parou de falar com ela? Você parou de conversar com ela, parou de chamá-la para passear, parou de querer estar perto dela. Mas, depois de algum tempo, você sentiu falta dessa amizade. Sentiu falta dos bons momentos que tiveram juntos. Você quis um relacionamento de novo.

Paulo conhecia duas pessoas na mesma situação. Onésimo era um escravo que havia fugido de seu mestre, Filemom. Ambos se tornaram cristãos por meio do ministério de Paulo, e Paulo não queria que houvesse nenhum amargor ou ressentimento entre eles. Nessa carta, Paulo pede a eles que se perdoem e se reconciliem como irmãos em Cristo.

Hebreus

Muitos judeus haviam encontrado a fé em Jesus e se tornado cristãos. Mas eles ainda tinham muitas dúvidas. Como o cristianismo se encaixa na história de Deus e seu povo?

O autor dessa carta revisita a história do Antigo Testamento e mostra que cada aspecto da tradição judaica — sacerdócio, sacrifícios, alianças, a Lei — aponta para Jesus Cristo. Jesus, diz Hebreus, é o supremo Profeta, Sacerdote e Rei.

Não perca!
O sacerdócio de Cristo (Hebreus 5—8)
A "galeria da fama" da fé (Hebreus 11)

Tiago

Muito bem, você acredita em Jesus. Ótimo.

E agora? Como ser um cristão muda seu jeito de agir? Seu jeito de gastar dinheiro? Seu jeito de tratar as pessoas?

Essas são questões às quais os primeiros cristãos não sabiam muito bem como responder. Tiago, irmão de Jesus, oferece uma resposta nessa carta. Ele diz que boas obras são o resultado natural da fé, e sua carta está repleta de conselhos sobre colocar a fé em ação. Tiago ajuda os cristãos a pensar sobre como nossa fé está relacionada ao nosso modo de falar e de agir.

Não perca!
Comportamento com o dinheiro (Tiago 2)
Controlando a língua (Tiago 3)

Primeira e Segunda Pedro

Alguém já zombou de você por ser um cristão? Os primeiros cristãos certamente saberiam como você se sentiu. Eles não estavam apenas sendo zombados, eles estavam sendo MORTOS por causa da fé.

O apóstolo Pedro sabia tudo sobre sofrer pelo evangelho. Nessas duas cartas, ele incentiva os cristãos a se manterem firmes na fé, não importando quão difícil ou perigoso pudesse ser. Ele também nos lembra de que podemos ter esperança até mesmo no sofrimento… pois Cristo está voltando!

Não perca!
O propósito do sofrimento (1Pedro 2—4)
O perigo dos falsos ensinamentos (2Pedro 2)

Primeira, Segunda e Terceira João

Algumas pessoas tinham ideias engraçadas sobre Jesus e o que significava ser cristão. Os gnósticos eram um grupo de pessoas que acreditavam que o que eles fizessem com seu corpo não importava — apenas a alma imortal era importante. Os ensinamentos dos gnósticos eram uma grande ameaça aos primeiros cristãos, que ainda estavam aprendendo o que significava viver pela fé em Jesus. Nessas três cartas, João mostra que viver uma vida pura neste mundo é de extrema importância. O amor, ele diz, é o símbolo de uma fé vibrante e verdadeira.

Não perca!
Vida justa e amor pelos filhos de Deus (1João 3—4)

Judas

O livro de Judas é uma pequena carta escrita por um irmão de Tiago e de Jesus. É um lembrete para manter a fidelidade às palavras de Jesus e não ser enganado por falsos ensinamentos. Judas chama os cristãos a viverem em santidade e a se firmarem na única fé verdadeira.

Apocalipse

Quando Jesus levantou dos mortos e subiu ao céu, ele nos deixou uma promessa: um dia ele voltaria a este mundo. O livro de Apocalipse é uma visão de como será esse retorno. Partes do livro podem parecer confusas. Mesmo depois de dois mil anos, os cristãos ainda estão tentando entender exatamente o que essa visão significa.

Mas aqui está o que realmente importa. Quando você sabe que uma história tem um final feliz, não precisa se preocupar com as partes assustadoras no meio. Apocalipse nos conta que, apesar de haver sofrimento e dor no mundo hoje, um dia Cristo vai derrotar todos os poderes do mal e restaurar seu reino na terra. É um grande alívio para os primeiros cristãos, e para os cristãos de hoje em dia também. No livro de Apocalipse, nós vemos como a história vai terminar: com Deus triunfando sobre o demônio e criando novos céus e nova terra, onde vamos viver com ele para sempre!

Não perca!
Cartas às sete igrejas (Apocalipse 2—3)
A visão do Cordeiro (Apocalipse 4—5)
Novos céus e nova terra (Apocalipse 20—22)

Mais charadas bíblicas megaespertas

(Como sempre, respostas na página seguinte... mas nada de trapacear!)

1. Por que Adão foi um excelente corredor?
2. Quem foi o melhor matemático da Bíblia?
3. E quem foi o pior?
4. Por que Noé não saiu para pescar?
5. Quem deu um *show* de música, mas seu público detestou?
6. Quem é o pior pescador da Bíblia?
7. Qual é o peixe mais sábio de todos?
8. O que o menino dos pães e peixes pensou quando viu a multiplicação?
9. Qual a história mais avacalhada da Bíblia?
10. Por que o Apocalipse daria um bom filme?

Respostas de
Mais charadas bíblicas megaespertas

1. Porque ele chegou antes de todos os outros.

2. Moisés, que escreveu o livro de Números.

3. Adão, pois no terceiro filho já achava que era Sete.

4. Porque ele só tinha duas minhocas.

5. Josué. Foi um *show* de arrebentar.

6. Jonas. Pois ELE é que foi pescado.

7. Sal-o-mão.

8. "Minha mãe pediu para dividir, mas assim também..."

9. O sonho do faraó.

10. Muito suspense, ação, terror... mas com final feliz.

Parte 3

AJUDA DA PALAVRA DE DEUS PARA TODAS AS SITUAÇÕES

Sussurros de Deus

Há situações que às vezes nos deixam sem ação, e não sabemos a quem recorrer.

De repente, a pessoa que é sua melhor amiga decide que vocês não são mais amigos... e ela vai contar para a turma inteira todas as suas histórias contrangedoras que só ela conhece.

Seu tio tem câncer e seus pais começam a sussurrar quando falam dele, como se a situação fosse ainda pior do que parece.

Você contou uma mentira (daquelas GRANDES) e pensou que poderia escapar das consequências. Mas outra pessoa acabou levando a culpa — e sendo punida — pelo seu erro.

O que se espera que você faça? A Bíblia não diz nada sobre *isso*, diz?

Ah, você vai se surpreender! Ler a Bíblia é como ouvir Deus sussurrando, ajudando você a passar por esses tempos difíceis e mostrando o quanto o ama...

não importa o que as pessoas digam de você,
não importa o quão distante ele pareça,
não importa o quanto você tenha errado.

Quando você estiver enfrentando tempos difíceis e não tiver certeza de que Deus está prestando atenção, comece a ouvir o sussurro. Ele está sempre em busca de você.

Versículos para
quando sentir medo

O Senhor é minha luz e minha salvação;
   então, por que ter medo?
O Senhor é a fortaleza de minha vida;
   então, por que estremecer?
(Salmos 27.1)

Confio em Deus e não temerei;
   o que me podem fazer os simples mortais?
(Salmos 56.11)

Ele o cobrirá com as suas penas
   e o abrigará sob as suas asas;
   a sua fidelidade é armadura e proteção.
Não tenha medo dos terrores da noite,
   nem da flecha que voa durante o dia.
Não tema a praga que se aproxima na escuridão,
   nem a calamidade que devasta ao meio-dia.
(Salmos 91.4-6)

Não precisará temer o desastre repentino,
   nem a destruição que vem sobre os perversos.
Pois o Senhor será sua segurança;
   não permitirá que seu pé fique preso numa
      armadilha.
(Provérbios 3.25-26)

Quem tem medo dos homens cai em armadilhas, mas quem confia no SENHOR vive tranquilo.
(Provérbios 29.25)

"Eu lhes deixo um presente, a minha plena paz. E essa paz que eu lhes dou é um presente que o mundo não pode dar. Portanto, não se aflijam nem tenham medo."
(João 14.27)

"Eu lhes falei tudo isso para que tenham paz em mim. Aqui no mundo vocês terão aflições, mas animem-se, pois eu venci o mundo."
(João 16.33)

E sabemos que Deus faz todas as coisas cooperarem para o bem daqueles que o amam e que são chamados de acordo com seu propósito.
(Romanos 8.28)

Por isso, podemos dizer com toda a confiança: "O Senhor é meu ajudador, portanto não temerei; o que me podem fazer os simples mortais?".
(Hebreus 13.6)

O perfeito amor afasta todo medo.
(1João 4.18)

Querido Deus, da próxima vez que eu estiver com medo, me ajude a lembrar deste versículo:

_____

_____

O bê-a-bá da Bíblia

Versículos para
quando se sentir só

Durante o dia, porém,
 o Senhor me derrama seu amor,
e à noite entoo seus cânticos
 e faço orações ao Deus que me dá vida.
(Salmos 42.8)

Ele cura os de coração quebrantado
 e enfaixa suas feridas.
(Salmo 147.3)

Pode a mãe se esquecer do filho que ainda mama?
 Pode deixar de sentir amor pelo filho que ela
  deu à luz?
Mesmo que isso fosse possível,
 eu não me esqueceria de vocês!
Vejam, escrevi seu nome na palma de minhas mãos;
 seus muros em ruínas estão sempre em minha
  mente.
(Isaías 49.15-16)

"E lembrem-se disto: estou sempre com vocês,
até o fim dos tempos."
(Mateus 28.20)

E estou convencido de que nem morte nem vida, nem anjos nem demônios, nem o que existe hoje nem o que virá no futuro, nem poderes, nem altura nem profundidade, nada, em toda a criação, jamais poderá nos separar do amor de Deus revelado em Cristo Jesus, nosso Senhor.

(Romanos 8.38-39)

Senhor, da próxima vez que eu me sentir só, vou me lembrar deste versículo:

_____

_____

_____

Versículos para
quando se sentir triste

Por que você está tão abatida, ó minha alma?
 Por que está tão triste?
 Espere em Deus!
Ainda voltarei a louvá-lo,
 meu Salvador e meu Deus!

(Salmos 43.5)

"Então clamem a mim em tempos de aflição;
 eu os livrarei, e vocês me darão glória."

(Salmos 50.15)

Entregue suas aflições ao Senhor,
 e ele cuidará de você;
 jamais permitirá que o justo tropece e caia.

(Salmos 55.22)

Mas os que confiam no Senhor renovam
 suas forças;
 voam alto, como águias.
Correm e não se cansam,
 caminham e não desfalecem.

(Isaías 40.31)

"Não tenha medo, pois estou com você;
    não desanime, pois sou o seu Deus.
Eu o fortalecerei e o ajudarei;
    com minha vitoriosa mão direita o sustentarei."
(Isaías 41.10)

Mas, lá do fundo do poço,
    invoquei teu nome, Senhor.
Tu me ouviste quando clamei:
    "Ouve minha súplica!
    Escuta meu clamor por socorro!".
Sim, tu vieste quando clamei e disseste:
    "Não tenha medo".
(Lamentações 3.55-57)

Jesus, eu sei que o Senhor cuida de mim quando estou triste porque sua Palavra assim o diz neste versículo:

_____

_____

_____

Versículos para
quando precisar de consolo

O Senhor é abrigo para os oprimidos,
 refúgio em tempos de aflição.

(Salmos 9.9)

O Senhor é minha rocha,
 minha fortaleza e meu libertador;
meu Deus é meu rochedo,
 em quem encontro proteção.
Ele é meu escudo,
 o poder que me salva
 e meu lugar seguro.

(Salmos 18.2)

Pois sua ira dura apenas um instante,
 mas seu favor, a vida inteira!
O choro pode durar toda a noite,
 mas a alegria vem com o amanhecer.

(Salmos 30.5)

O Senhor está perto dos que têm o coração
  quebrantado
 e resgata os de espírito oprimido.

(Salmos 34.18)

Deus é nosso refúgio e nossa força,
 sempre pronto a nos socorrer em tempos
  de aflição.

Portanto, não temeremos quando vierem
> terremotos
> e montes desabarem no mar.
>
> *(Salmo 46.1-2)*

Permitiste que eu passasse por muito sofrimento,
> mas ainda restaurarás minha vida
> e me farás subir das profundezas da terra.
> Tu me darás ainda mais honra
> e voltarás a me confortar.
>
> *(Salmos 71.20-21)*

O Senhor é bom;
> é forte refúgio quando vem a aflição.
> Está perto dos que nele confiam.
>
> *(Naum 1.7)*

Louvado seja Deus, Pai de nosso Senhor Jesus Cristo, Pai misericordioso e Deus de todo encorajamento. Ele nos encoraja em todas as nossas aflições, para que, com o encorajamento que recebemos de Deus, possamos encorajar outros quando eles passarem por aflições.

(2Coríntios 1.3-4)

Querido Deus, quando eu precisar sentir seu consolo, vou me lembrar deste versículo:

_____

_____

_____

Versículos para
quando se sentir tentado a fazer a coisa errada

Feliz é aquele que não segue o conselho dos
 perversos,
  não se detém no caminho dos pecadores,
  nem se junta à roda dos zombadores.
Pelo contrário, tem prazer na lei do Senhor
  e nela medita dia e noite.
(Salmos 1.1-2)

Meu filho, se pecadores quiserem seduzi-lo,
  não permita que isso aconteça.
(Provérbios 1.10)

O desleal recebe o que merece,
  mas a pessoa de bem é recompensada.
O ingênuo acredita em tudo que ouve;
  o prudente examina seus passos com cuidado.
(Provérbios 4.14-15)

Quem anda com os sábios se torna sábio,
  mas quem anda com os tolos sofrerá as
    consequências.
(Provérbios 13.20)

Não imitem o comportamento e os costumes deste mundo, mas deixem que Deus os transforme por meio de uma mudança em seu modo de pensar.
(Romanos 12.2)

As tentações em sua vida não são diferentes daquelas que outros enfrentaram. Deus é fiel, e ele não permitirá tentações maiores do que vocês podem suportar. Quando forem tentados, ele mostrará uma saída para que consigam resistir.

(1Coríntios 10.13)

Não se deixem enganar pelos que dizem essas coisas, pois "as más companhias corrompem o bom caráter".

(1Coríntios 15.33)

Acaso estou tentando conquistar a aprovação das pessoas? Ou será que procuro a aprovação de Deus?

(Gálatas 1.10)

Uma vez que ele próprio passou por sofrimento e tentação, é capaz de ajudar aqueles que são tentados.

(Hebreus 2.18)

Jesus, da próxima vez que eu me sentir tentado a pecar, vou me lembrar do que o Senhor disse em sua Palavra:

_____

_____

_____

O bê-a-bá da Bíblia

Versículos para
quando tiver feito algo errado

Como é feliz aquele
   cuja desobediência é perdoada,
   cujo pecado é coberto!
Sim, como é feliz aquele
   cuja culpa o Senhor não leva em conta,
   cuja consciência é sempre sincera! [...]
Finalmente, confessei a ti todos os meus pecados
   e não escondi mais a minha culpa.
Disse comigo:
   "Confessarei ao Senhor a minha rebeldia",
   e tu perdoaste toda a minha culpa.
(Salmos 32.1-2,5)

De nós ele afastou nossos pecados,
   tanto como o Oriente está longe do Ocidente.
(Salmos 103.12)

Senhor, se mantivesses um registro de nossos
      pecados,
   quem, ó Senhor, sobreviveria?
Tu, porém, ofereces perdão,
   para que aprendamos a te temer.
(Salmos 130.3-4)

"Eu, somente eu, por minha própria causa,
apagarei seus pecados
e nunca mais voltarei a pensar neles."

(Isaías 43.25)

Agora, portanto, já não há nenhuma condenação para os que estão em Cristo Jesus.

(Romanos 8.1)

Logo, todo aquele que está em Cristo se tornou nova criação. A velha vida acabou, e uma nova vida teve início!

(2Coríntios 5.17)

Ele é tão rico em graça que comprou nossa liberdade com o sangue de seu Filho e perdoou nossos pecados. Generosamente, derramou sua graça sobre nós e, com ela, toda sabedoria e todo entendimento.

(Efésios 1.7-8)

Vocês estavam mortos por causa de seus pecados e da incircuncisão de sua natureza humana. Então Deus lhes deu vida com Cristo, pois perdoou todos os nossos pecados. Ele cancelou o registro de acusações contra nós, removendo-o e pregando-o na cruz.

(Colossenses 2.13-14)

"E eu perdoarei sua maldade e nunca mais me lembrarei de seus pecados."

(Hebreus 8.12)

O bê-a-bá da Bíblia

Mas, se confessamos nossos pecados, ele é
fiel e justo para perdoar nossos pecados e nos
purificar de toda injustiça.

(1João 1.9)

Deus, eu sei que pequei, então agradeço pelo perdão que o Senhor prometeu neste versículo:

_____

_____

_____

Versículos para quando tiver feito algo errado

Versículos para enfrentar o cansaço e a preocupação

Tu guardarás em perfeita paz
    todos que em ti confiam,
        aqueles cujos propósitos estão firmes em ti.
Confiem sempre no Senhor,
    pois o Senhor Deus é a Rocha eterna.

(Isaías 26.3-4)

"Venham a mim todos vocês que estão cansados e sobrecarregados, e eu lhes darei descanso. Tomem sobre vocês o meu jugo. Deixem que eu lhes ensine, pois sou manso e humilde de coração, e encontrarão descanso para a alma. Meu jugo é fácil de carregar, e o fardo que lhes dou é leve."

(Mateus 11.28-30)

"Eu lhes deixo um presente, a minha plena paz. E essa paz que eu lhes dou é um presente que o mundo não pode dar. Portanto, não se aflijam nem tenham medo."

(João 14.27)

E sabemos que Deus faz todas as coisas cooperarem para o bem daqueles que o amam e que são chamados de acordo com seu propósito.
(Romanos 8.28)

Não vivam preocupados com coisa alguma; em vez disso, orem a Deus pedindo aquilo de que precisam e agradecendo-lhe por tudo que ele já fez. Então vocês experimentarão a paz de Deus, que excede todo entendimento e que guardará seu coração e sua mente em Cristo Jesus.
(Filipenses 4.6-7)

E esse mesmo Deus que cuida de mim lhes suprirá todas as necessidades por meio das riquezas gloriosas que nos foram dadas em Cristo Jesus.
(Filipenses 4.19)

Jesus, da próxima vez que eu estiver preocupado com o futuro, vou me lembrar do que o Senhor me disse neste versículo:

_____

_____

_____

Deixe a Palavra de Deus mudar sua vida

1. Faça da leitura bíblica um hábito. Tente ler um pouco todos os dias.

2. Não se contente com um conhecimento superficial da Palavra de Deus. Estude, aprenda e cresça.

3. Ler a Bíblia é uma jornada para a vida toda. Leia-a toda... e leia de novo!

4. Você pode ler as passagens da Bíblia como orações. Leia-as com Deus ao seu lado e uma oração nos lábios.

5. Estude com os amigos. Eles vão ver coisas que você pode não ter visto.

6. Deixe que a Bíblia faça o trabalho dela em você, transformando sua mente, seu coração, suas emoções e seu espírito.

Compartilhe suas impressões de leitura,
mencionando o título da obra, pelo e-mail
opiniao-do-leitor@mundocristao.com.br
ou por nossas redes sociais

Esta obra foi composta com tipografia Chaparral Pro
e impressa em papel Offset 75 g/m² na gráfica Assahi